これまでの非常識は、これからの常識

あたらしい神話

穴口恵子×すみれ

サンマーク出版

ねえ、すみれちゃん。
私たちで、これからの時代に合った、
あたらしい神話を作らない？

「すみれちゃん、こんにちは」

「こんにちは、恵子さん」

「いよいよ200年続いた地の時代から、風の時代へ。新しい時代が来たね！」

「そうだね。みんなが今までより、もっと軽やかに生きられるようになるといいな」

「私たちも何かそのお手伝いができればと思うんだけどね。……あ！　そうだ。いいことを思いついた」

「なになに？」

「私たちで、あたらしい時代に合った、あたらしい神話を作るっていうのはどう？」

「すごくいい！　かみさまも喜んでる」

「じゃあ、すみれちゃん。準備はいいかな？」

「うん。もちろん」

みんなの
幸せを見つけに
行こう！

あたらしい神話

穴口恵子

すみれ

CONTENTS

1章 人は、生まれる前から幸せだった

2章 全ての人がかみさまとして目覚める

3章 これまでの非常識は、これからの常識

ブックデザイン　喜來詩織（エントツ）
校正　ペーパーハウス
DTP　朝日メディアインターナショナル
編集　岸田健児、尾澤佑紀（サンマーク出版）

人は、
生まれる前から
幸せだった

1章

「すみれちゃんって、かみさまとお話しできたり、赤ちゃんの声を聞けたりするんだよね」

「うん。空の上にいたときのことも覚えてるよ」

「たくさんの人がすみれちゃんの話を聞きに来たと思うんだけど、今まで一番聞かれたことって何かな？」

「うーん……生まれる前のことかな」

「どうして今の両親のもとに生まれたのかわかるのかな？」

「それもわかるし、どうして自分がこの地球に生まれたのかとかもわかるよ！」

「いろんな悩みごとも、
生まれる前の世界にヒントがあるんだね！」

「私も恵子さんの思う魂の話を聞いてみたいな」

「それじゃあ、まずは生まれる前の話からしてみよう！」

「うん！」

生まれる前の
世界に
行ってみよう!

すみれ、8歳でかみさまの言葉を受け取る

穴口　すみれちゃん、こんにちは。

すみれ　こんにちは。

穴口　すみれちゃんがことたまメッセンジャーになったきっかけを教えてもらってもいい？

すみれ　8歳になったときに、かみさまから「今やりなさい」って言われて。

穴口　かみさまが来る前は、どうしていたの？

すみれ　それまでは、みんながかみさまの声を聞いたり、かみさまの姿を見たりすることができるって思ってた。

だからママにもそのことは言ってなくて。

だけど8歳になったときにかみさまから「今やりなさい」と言われたの。ママにも「かみさまがそう言ってる」と伝えて。

そしたら、「なんでそんなこと知ってるの？」って。

穴口　お母さんはびっくりしたんだ。

すみれ　うん。お母さんも子どもの頃から、見えない存在たちを感じていて、私の言うことと同じことが見えていたから、驚いたみたい。

穴口　お母さんの驚く気持ち、よくわかる（笑）。

すみれちゃんは今、10歳。

8歳からかみさまのお手伝いをしているということは、もう2年間活動しているんだよね。

かみさまからは、何か活動するときの注意点は伝えられているのかな？

すみれ　なんて言うのかな……かみさまが言ってることを「そのまま言葉を付け加え

ないで伝えなさい」って言われてる。

穴口　「言葉を付け加えずに」っていうことは、そのままかみさまの代弁者になっているということ？

すみれ　うん。何か一言でも付け加えると、怒られる。

穴口　……怒られる（笑）。とはいえ、すみれちゃんは人間の世界ではまだ10歳。もっと遊びたいとは思わない？

すみれ　あんまり思わない。伝えるために生まれてきているから。

穴口　もうやりたくないとか、他のことをしたいとかもない？

すみれ　うん。

穴口　それは8歳にして「なぜ生きるか」を自覚していたということだね。すごい。すみれちゃんと同年代の子どもたちで、すみれちゃんと同じように胎内記憶を持っている子はいるのかな？

すみれ　いると思う。

穴口　この胎内記憶を覚えている人と覚えていない人では、何が違うんだろう？

すみれ　人間が生まれる前、かみさまは全員に「覚えていたら、伝えなさい」と言っているよ。でも、「覚えてなかったら、覚えてないで別にいいよ」とも言っていて。

穴口　覚えてなくても〝いい〟というのは、どういった意味合いかな。

すみれ　覚えていないということは、その人にとっては必要ないことだから。

穴口　だから覚えている人といない人がいるんだ。

すみれ　例えば、前世とかを思い出して、辛くなっちゃったりする人もいるしね。

穴口　私もスピリチュアルな業界で長年お仕事をさせてもらっていて、退行催眠をやっている人にも出会うのね。「退行催眠」っていうのは、その人が生まれる前まで記憶をさかのぼって、心的外傷を取り除く治療法のこと。その方法を通してすばらしい前世を思い出す人もいるんだけど、確かに最悪な前世に行って、すごく苦しむ人もいる。もしそうなってしまった場合、どうしたらいいんだろう？

すみれ　その人は、それが辛かったとしても、それはそれで経験というか。

穴口　なるほど。それはつまり、「今をどう生きるか」を決めるために、過去世を思い出す必要があったということかな。

すみれ　うん。だから、それはそれでいいってこと。

穴口　なるほど。すみれちゃんと話していると、なんだか宇宙の果てに行って『スター・ウォーズ』のマスター・ヨーダとお話ししているみたい。

赤ちゃんが空の上で考えていること

穴口　すみれちゃんはこの2年間、いろんな人の相談に乗ってきたんだよね。どんなことをかみさまの伝言としてアドバイスしてあげたか、事例を教えてもらえるかな。
例えば、妊娠していて、胎内記憶に興味があるお母さんっているじゃない？

そういう妊娠しているお母さんの不安とか悩みの中で、どんなことが多かったでしょう。

すみれ　「この子は元気に生まれるか」とか、「病気を持っていないか」とか「ハンディキャップを持っていないか」とかかな。

穴口　妊娠はうれしいんだけど、赤ちゃんがまだ見えないから、心配しているみたい。そういう場合は、赤ちゃんが何を言っているかを伝えてあげることが多いよ。

すみれ　あ、そうだよね。すみれちゃん、赤ちゃんの言葉もわかるんだよね。そういう不安を抱えているお母さんに赤ちゃんはどんな答えをくれるの？

穴口　**「病気や障がいを持っていても、持っていなくても、元気だよ」って。**病気を持って生まれることを決めてきている子もいるから。だから、自分の中ではすごく元気だよって。

すみれ　それに、赤ちゃん自身は「病気がいけない」と思っていないもんね。

穴口　うん。「病気は悪いもの」っていう感覚は全然ない。

それに、「治していくこと」を経験したがっている子もいる。

穴口 なるほど。「治すこと」自体がその子にとっての幸せなんだね。

えっと、少しお母さんの悩みについて話を戻します。何度か流産を経験した人にとっては、「妊娠」って、さらに不安が大きいんじゃないかな。「また流産するんじゃないか……」と。

そんな人たちには、かみさまからどんなメッセージが来るの？

すみれ 一度お母さんのお腹の中に入って空へ帰った赤ちゃんは、「このまま自分が生まれて大きくなると、お母さんが辛くなっちゃうから、今は生まれられない」と言っている子が多いかな。

穴口 お腹の中で亡くなってしまった赤ちゃんは、どこへ行っちゃうの？

すみれ **赤ちゃんはかみさまとか天使さんと一緒にお腹の中に入って、亡くなった後、一緒に空へ帰る。**

穴口 かみさまや天使さんが一緒に入る目的はなんだろう？

すみれ いろんな目的があるけど、そのお腹をそのままにしておくと、次に赤ちゃんが入ってこられないの。
だから、生まれるはずだった赤ちゃんが亡くなっちゃった場合は、お腹の中を浄化しにかみさまと天使さんが来るっていうのがあって。
赤ちゃんは亡くなっちゃったら、生まれる前にいた場所に戻るの。

穴口　かみさまや天使さんと一緒にね。

すみれ　うん。「そばにいるから一緒に帰ろう」っていう感じかな。

穴口　もう少しだけ詳しく聞かせてもらうね。
妊娠したけど「子どもを生まない選択」をすることもあるじゃない。いわゆる中絶。
そんなときは、赤ちゃんの魂はどう思うのかな。

すみれ　いろんな子がいる。
だいたいの子が「いいよ」って言うかな。「大好きなママが決めたことだから」って言う子が多いよ。

穴口　そんな子に対しては、してあげたほうがいいことはあるのかな。

すみれ　「来てくれてありがとう。でも、ごめんね」とか。そういう感謝とお詫びの一言をかけるといいかも。

穴口　水子供養ですごく悔やんでいる人たちっているじゃない。水子供養っていうのは、いわゆる中絶したり、流産したりした子どもを供養することなんだけどね。

経済的な理由とか、まだ若すぎるとか、いろんな理由があって、母親になろうと思っていたけどなれなかった人たちって、罪悪感を背負っちゃうんだよね。

そういう罪悪感とか、自分を責めている女性たちに、かみさまから何かメッセージはあるかな。

すみれ　うん。

強いメッセージで「後悔しないように生きなさい」って。

穴口　そうやって後悔する人は、自分の意見を言えなかった人とかが多いから。だから、悔やむんだろうね。「決めたことをすんなり生きなさい」ということなのかな。「決断したならば、そこに従いなさい」みたいなメッセージも感じるね。

すみれ　人生は、その人のものだからね。

穴口　うん、うん。誰のものでもなく、人生は「私」のもの。勇気の湧いてくる言葉だね。私も、そうやって生きてここまできたの。

誰しも、どう生まれるかは自分で決めている

穴口　他に、どんなに望んでいても「赤ちゃんが来てくれない夫婦」もいるよね。こんなふうに来てくれない赤ちゃんたちは、空の上でどんなことを思ってい

たり、してくれていたりするのかな。

すみれ 空の上で応援団になって応援してくれていたり、かみさまから「絶対にどこかのお母さんのところに行って生まれてきなさい」と言われている子もいる。あ、たまに予定とは違ったお母さんのところに行って生まれてくる子もいるよ。

人生を経験するためには、生まれないといけないから、ずっと上にいる子にはかみさまとか天使さんが「もうそろそろ降りて経験してみたら？」って言うこともある。

穴口 「ここに生まれてこなきゃよかった」と後悔している子どももいるのかな。

すみれ うん、たまにいる。

でもそれもこれも含めて、全部、生まれることはみんな自分で決めているんだけどね。

穴口 そうやって「自分は存在する価値がない」、「生まれてこなきゃよかった」って思っている人たちにかみさまはどんなメッセージを投げかけているかな。

すみれ　どんな人も、ちゃんとかみさまたちが守ってくれているよ。それにもしお母さんがその子をいらなかったら、生まれていなかったと思う。**だから、かみさまは「生まれたことに価値があるんだから、自信を持って」って言ってるかな。**

穴口　自分が自分を信じてあげなかったら、悲しいことだよね。

お母さんには一番初めにお礼をしなきゃいけない

穴口　胎内記憶を話す子どもたちがよく言うのが、「お母さんの役に立つために地球に来た」ってこと。これには何か理由があるのかな。

すみれ　「お母さんの役に立つため」と言う子どもがなんで多いかというと、お母さんは生んでくれたから。

自分の使命を持っている子たちがいても、その使命を果たすためにはまず生まれなきゃいけない。

お母さんは、生んでくれた人だから一番最初にお礼をしなきゃいけないの。

穴口　一番最初にお礼をする人がお母さん。だって、お母さんがいなかったら、存在することはありえないもんね。

では、最初に感謝するのがお母さんだとして、育てる過程で、子どもに対して、あまり愛を注がなかったり、感情的になったりするお母さんに対してはかみさまはなんと言ってる？

すみれ　「その子が大きくなって今が幸せで、ちゃんと成長しているのなら、それでもいいんだよ」みたいなことかな。

穴口　**「成長するための役割をお母さんは担ったんだから、それでいいんだよ」ということだね。**

すみれ　うん、そういうことだね。

穴口　お母さんももともとは赤ちゃんだよね。そんなお母さんが子どもだったときに親に言われたこと、叩かれたこと、否定されたこと、それによってついた傷がずっと残っている人もいるの。

そういう人たちは、どうやったら自分を癒やすことができるのだろう。

すみれ 「今から自分の好きなことをやりなさい」って。

穴口 それは大事なことだね。

どんな子ども時代を過ごしていても、「今」も傷ついてないといけないわけではない。傷のほうを向くか、「今」を見るか、それは自分で決められるわけだしね。

かみさまが言いたいのはきっと、「『今のあなた』が、好きなことをしていいと許可してあげなさい」と、そんな感じだろうね。

その時代が過ぎて大人になったし、大人のあなただからできることをしていいんだよ！　自分で決めていいんだよ！　って。

すみれ うん、そうだね！

生まれる前の赤ちゃんと繋《つな》がる方法

穴口　すみれちゃん、妊活中に空の上にいる赤ちゃんと繋がる方法ってあるのかな？

すみれ　方法というよりも、上にいる魂は、選んだお母さんのことをずっと見てる。だから、実はずっと繋がった状態だよ。

穴口　普通に人に話すように心の中で「私を選んでくれた赤ちゃん〜」って話しかけたり、赤ちゃんに名前をつけちゃったりするといいと思う。「おはよう」とかいろいろ話しかけてあげるのも、すごく喜ぶよ！

赤ちゃんの魂は、天と地を行ったり来たりするエネルギーだよね。

来ては帰り、帰っては来るを繰り返す魂。

そういう魂との繋がりを持つためには、「自分と対話する」ことが大切だと

思う。

加えて妊活をしている女性が自分と対話するときのポイント。

それは「妊活、妊活、妊活……」じゃなくて、

「もうすでにそうなった」

「子どもを授かって楽しんでいる自分の人生」

を心から思い描いて、そのフィーリング、その気分を味わってほしいな。

そうすれば自分と繋がれるよね。

すみれ　妊活さえも忘れて楽しむくらいがちょうどいいよね！

穴口　そうだね。自分と繋がるのはすごく大事。
逆に、「子どもがいなくても今の私は楽しい」という周波数で毎日を過ごしてほしいよね。

すみれ　自分が喜ぶことをして、愛を感じれば、その愛は赤ちゃんの魂にも届くはず。

穴口　そういうお母さんのところに行きたい赤ちゃんも多いね。

違う角度からもう少しこの話を続けたいのだけどいいかな。

すみれ　うん、もちろん。

穴口　この地球に来る魂の中には、地球のことをあまり知らない魂もいるよね。そうすると、空の上からでは「大好きな旦那さんの子どもが欲しい」という言葉は通じないときもある。
だから、そんな願いを赤ちゃんに伝えるときは「私とご縁のある、他の惑星の魂を呼びます」みたいに意図するといいよね。
人間界の意識だけじゃなくて、例えば霊界の意識、神界の意識……そういったところまで視野を広げて考えたら、どんどん願いは叶っていくんじゃないかな。

すみれ　魂たちは「がんばっちゃダメだよ～、リラーックス、リラーックス！」って言ってる。
楽しく待つというか、「いつでもおいで」って気持ちでリラックスしていたら、赤ちゃんもすごく来やすいよ。

穴口　うん、うん。だから、リラックスできた自分でいるために楽しいことをしてあげてほしいな。

きょうだいや性別はどうやって決まるか

穴口　きょうだいって「同じお母さんから生まれよう」って話し合ってから生まれているのかな。

すみれ　生まれる前に約束してきょうだいになる子もいれば、そうじゃなくて1人ひとり生まれてくる子もいる。

約束とか相談をしてから生まれてくる場合は、「前世できょうだいになって面白かったからもう1回ね」とか「前は上の子だったから、次は私が下の子になる」とかそういう話をしている子もいるよ。

穴口　きょうだいによって、それぞれ違うんだね。

生まれてくる性別も選んでいるのかな。

すみれ　お母さんのお腹の中に入る前に決める子もいれば、お腹の中で決める子もいる。だからたまにエコー検査でわからないようにしてる子もいて。そういう子はまだ自分が男の子か女の子か、どちらか決めていなかったりするんだよね。

穴口　すみれちゃんはお腹の中の子とお話しすることもできるよね。そういうまだ性別を決めていない子はどんなことを言っているの？

すみれ　「お母さんとお父さんは、女の子か男の子かどっちのほうが喜ぶか聞いてよ」とか言われることがある。

穴口　お母さんたちがどっちがうれしいかで、その子自身が決めてるんだ。

すみれ　うん。「お母さんが『女の子がいい』って言うなら、女の子になろう」みたいに決める子もいる。

穴口　なるほどね。あっ、すみれちゃんに今だからこそ聞いてみたいことがあるんだけどね。

LGBTと呼ばれる人たちがいるよね。そういう人たちは同性が好きだったり、男性も女性もどちらも好きだったり、体と心の性別が違ったりするの。LGBTの人たちは生まれる前にどんなことを思っているんだろう。

すみれ **生まれるときにはどっちでもいいと思っているみたい。**「絶対男の子！」とか決めないで生まれてきているから、違うほうも経験してみたくなってるんだね。

やりたいことは「やっている」と先に決めちゃおう！

穴口 胎内記憶に興味があるお母さん以外には、どんな人からの相談が多かったかな。

すみれ うーん……「自分のやりたいことがなかなかできない」もすごく多い。

穴口 そういうアイデアが思い浮かんでいてもなかなか行動に移せないという人、

私のところにも相談に来るよ！
かみさまはどんなアドバイスをくれるのかな。

すみれ　いいアイデアがあったとしたら、**「私は1年後、これをやっている」と自分で決めちゃう。**
そうやってまずは決めちゃうと実現するんだよね。それができたら、「今自分にできることはなんだろう」って考えて、それをやる。

穴口　小さなことでもいいから、今の自分にできることをすぐに始めるべきなんだ。

すみれ　うん。

穴口　でも、すでにたくさん行動してがんばっているのに結果が出ていない人もいると思うんだよね。
そういう苦しい思いをしながらがんばっている人には、かみさまはなんて言っているかな。

すみれ　そういう何年もがんばっている人は心が揺れているの。
だから、**1日でも2日でもちょっとでもいいから自分を休ませる。**

穴口　揺れ動いているからこそ、焦ってもっとがんばってしまうんじゃなくて、自分のことを大切にしてあげる時間を取るんだね。

すみれ　うん、少し休んだら心が今までがんばってきたときの気持ちと繋がるから、そうしたら動けばいい。

穴口　なるほど、いいこと言うね。さすがかみさまだ。

頭で決めないで、直感に従って動く

穴口　私はすみれちゃんと話していると「いいも悪いもない」ということを感じる。ところが、この地球に生きる人たちは何かを決めて行動するときに、頭の中で「いい／悪い」とか、「損／得」とかを考えて苦しんでいる人がたくさんいるんだよね。

そんなふうについつい考えちゃう人はどうすればいいかな。

すみれ　自分で「これはやってもいいんだ」と思ったことに直感で動くこと。

考えすぎると、逆に間違った方向に行っているときもあるから。

穴口　直感はみんなが持っているものだもんね。

すみれ　迷っているときって、直感ではもう答えが決まっている。

穴口　鋭いことを言うね。みんな本当は知っているんだよね。それでも頭で考えてぐるぐるしている。

考えるんじゃなくて、直感に従ってやってみるのがいい、と。

ただ、そうは言っても、「直感なんて感じないし、私にはそんなことはわからない」みたいな人もいるよね。そんな人はどうしたらいいんだろう？

すみれ　なんて言うのかな……直感がない人は本当はいなくて、「直感がない」って言っている人は答えを知るのが怖いだけ。

穴口　あ、そうか。知るのが怖いんだ。だから直感がないと思うことで抵抗しているんだね。

すみれちゃん、そうやって「怖い」と思っていて自分らしく生きられないっていう人にかみさまからどんなアドバイスがあるかな。

すみれ まずは順番を決めないでやってみるのがいいって。**いろいろ行動するうちにどれがいいのか決まるから。**

穴口 そういうときにかみさまは「こっちからやったほうがいいよ」とか優先順位はつけないいんだね。

すみれ **うん、かみさまは「どっちでもいいよ」って。**

穴口 それは宇宙の法則の、自由意志の尊重ということだね。**1人ひとりが正しい道を行かなければならないんじゃなくて、どっちでもいい。**

そして、その後におのずと決めていったらいいっていうことなんだ。

直感や自分の進む道を考えることと通じる話として、すみれちゃんは「引き寄せの法則」という言葉を聞いたことがあるかな。

自分の思いに現実が引き寄せられていくのを「引き寄せの法則」っていうん

だけど。
それを知って、学んでいる人の中でも、「自分にはその法則が起こらない」って思っている人がいるみたいなの。そういう人って、かみさまから見たらどんな感じなんだろう。

すみれ そういう人って引き寄せの結果を見逃しちゃって、通り過ぎちゃっているんだと思う。

穴口 なるほどね！　引き寄せてるのに、気づいてないだけ！
じゃあ、全ての人に兆しとかチャンスが来ているとして、通り過ぎないようにどうやって日常を過ごしていたらいいのかしら。

すみれ ひとつひとつにちゃんと立ち止まってみたらいい。

穴口 なるほど、見過ごすのは急ぎすぎているからってことだね。
電車で言えば、各駅停車に乗ったつもりで、しっかり一駅ずつ見ていくのが大切ってことだね。

人間は地球をきれいにするために生まれた

すみれ　あとは、自分はどうしてこの地球に来たのかもよく聞かれるよ。

穴口　スピリチュアルに関心がある方は、「なぜ私はこの地球に来たんだ」って気になっている人も多いよね。

これだけたくさんの星がある中でなぜ地球を⁉　と思うのは自然な反応だよね。

そんな方々にはかみさまから、どんなメッセージがあるんだろう。

すみれ　地球に来た理由はいろいろあるけど、**人間が地球に生まれるのは、地球を掃除するため。**

地球って、人間が生まれる前はきれいじゃなくて、パワー的に濁った色をしていたの。
だけど、かみさまは直接触れられない。
つまり、地球をきれいにできるのは人間だけ。

穴口　そうやって人間の役割を聞くと、環境汚染だったり公害だったり世界で起こってしまっていることは本来の役割と反しているような……。

すみれ　例えば木を切って、何かを作って、それが役に立つならOK。
だけど、悪いことに使うんだったらダメ。そういうことをするなら、ちゃんと役立ててほしいと。かみさまはそう言っているよ。

穴口　木がなかったら私たちは家が建てられない。だから木をたくさん使う。
だけど、地球を破壊してしまうレベルで自然の恵みを消費してはいけないということだね。

すみれ　人間の心をきれいにするのも、地球をきれいにするのも一緒のこと。

人間の心が癒やされたら、地球もきれいになる。

穴口　1人ひとりが心を癒やす、自分を癒やすこと自体が地球の環境の浄化にも貢献するんだね。

「戦争はダメ」と伝えるために日本に生まれた

穴口　すみれちゃん自身は、なぜ日本人としてこの時代に生まれてきたの？

すみれ　**「戦争はやっちゃダメ」ってことを、みんなに伝えなさいって。**
日本って今はすごく平和だけど、平和な間に戦争をやろうみたいな話がどんどん進んできてる。
だから、それを止めなさいって、かみさまからは言われている。

穴口　戦争をさせないためにね。だからといって、平和運動をするわけじゃないよね。

すみれ　最近は生まれる前のことを覚えている子が増えてきてる。

だから、そういう子たちの話を広めていくようにしてる。その子の親を辿《たど》って、友達を辿って、そうしていればいつか偉い人にも届くだろうから。

穴口　日本には天皇がいるよね。天皇家って、平和のお祈りをするのがお役目なんだよね。それも関係するのか、日本人には宗教観に関係なくお祈りの文化がある。神社に行ったり、お寺に行ったりね。

すみれ　この日本人特有の文化は、遺伝子に組み込まれた何かがあるのかな？　みんな生まれる前にかみさまから「覚えていたら伝えなさい」とか『戦争とか悪いことがあったら平和にしなさい」って言われていて。そういう言葉が魂に入っているからお祈りをするっていうのはあるかも。

穴口　それは日本人として生まれてきた人々が共通で持っている使命、天命みたいなもの？

すみれ　うん。

穴口　そうか。どうりで日本人は誰もが、疑わずに神社やお寺に行って、お祈りを捧げるわけだね。
みんなが笑って過ごせる平和な世の中が来るといいな。

かみさまが一番伝えたいのは、自分を好きになること

穴口　自由に話すとしたら、この本を読んでいる人たちに何を伝えてみたい？

すみれ　**自分を好きになることかな。**まずは自分を好きにならないと、何もできないから。

穴口　日本人として生まれてきて、日本の文化のいいところと面倒だなと思うところを感じるのね。
その中で、面倒だなと思うのが「建前」について。
すみれちゃんは「本音と建前」っていう言葉を聞いたことがある？

すみれ　「建前」を使うと、人は本当にやりたいこととか言いたいこととかをストップさせてしまうの。建前は「嘘(うそ)の自分」って言ってもいいかな。

穴口　誰かから変に思われるのが嫌だとか。

すみれ　そう！　自分を好きになるためには、そういう建前（嘘の自分）を克服する必要があると思うのね。

穴口　そのことについては、かみさまは何か言ってる？

すみれ　「本当に自分がそれをやりたいなら、変と思われてもやりなさい」って。かみさまは「変でいいんだよ」と言ってくれてるんだね。確かに、それを言われたら、すごくほっとする。私も自分が変だって自覚はあるけど、そのことを変だなんて思ったことは一度もないよ（笑）！

すみれ　**それに、生きている限り、何があっても大丈夫だよ。**

穴口　と言うのは？

すみれ うん。世界にはたくさんのかみさまがいて、私たち自身もかみさま。全部がかみさまって言ってくれてる。

だから「私は1人で寂しいんです」とか言うと、かみさまとか天使さんとかは、「ここにいるよ！」って言ってる。

だから、「守られている」「1人じゃない」って思ったほうがいいかな。


穴口 みんな周りにたくさんのかみさまがいるんだね。

それとリンクしているのは、日本って平和な国だけど、同時に自殺者の数がすごく多いっていわれているんだよね。

「自分なんていなくていいんだ」

「こんな人生なんて終わりだ」

こんな風に思って自殺を考えてしまう人たちに、かみさまはどんなメッセージを送ってくれているのかな。

すみれ そういう人たちには、かみさまはすごく強い言葉を言っている。
「後悔をしない選択をしなさい」と。

穴口　**「でもあなたは、絶対にいなくてもいい存在ではありません」って。**

決めるのは自分自身だし、だからこそ後悔しないようにってメッセージなんだ。

昔見た映画で、自殺した人は寿命や病気で亡くなった人とは違う世界に行くと描かれていたんだけど、そういう世界って、本当にあるのかな。

すみれ　自殺した人が行く世界っていうのは本当にある。

自殺した人は、生まれる前にいたところに行くか、自殺した自分を見直すところに行く。

どっちの世界に行くかは自分で決めていて、自殺したことをかみさまたちが「もうしちゃダメだよ」って教えてあげるの。

そして、見直す世界では、お母さんたちはこんなに泣いているとか、残された人が「なんで死んだの」って悲しんでいるのを自分の目で確かめるの。

穴口　自殺した魂自身が、どっちに行くか決めるんだね。

すみれ　うん。だけどそれが終わると、どの魂も、空の上の世界に行くんだけどね。

穴口　それは安心した。やり直すチャンスはあるってことだね。

運命の出会いは、全てがかみさまの采配

穴口　家族や親しい人のことを考えるときに欠かせないのが縁だよね。
これだけたくさんの人がいて、結婚する相手を決めるっていうのは、「ご縁」の為せる業だと思うの。空から「お母さん」を選ぶにしたって、すごい数の選択肢があるわけだし。

すみれ　ご縁は、自分で決める人もいる。
だけど、**ほとんどの人が「自分がいい方向に進むようにかみさまにお任せします」**っていう感じかな。

穴口　へえ！　かみさまの采配に委ねているわけだ。
地球上では、仲のいい夫婦と仲の悪い夫婦がいて、夫婦になるからには一生

を添い遂げる約束をする。だけど、別れる人たちがいるよね。
かみさまは人間がやっている離婚ドラマについては何か言っているかな。

すみれ 離婚が悪いかどうかというより、**離婚っていう経験をしなくちゃいけない人もいる**から。

穴口 離婚も経験。ここでもまた、いいも悪いもないということなんだね。
例えば、離婚したことを悔やんでいて、二度と運命の人に会えないと思っている人とか、まだ結婚していないけど、運命の人には巡り会えないんだと消極的になっている人もいる。
そんな人たちには、かみさまからはどんなメッセージがあるかな。

すみれ 「出会わない」と思っていると、そうなっちゃう。

穴口 まさに、引き寄せの法則だね。

すみれ だから、「出会う」って決める。
それでもしも出会わなくても、自分にとってはそのほうがいいってこと。
それがわかるのは後かもしれないけど、全部、流れに任せることが大事。

穴口　「かみさまに任せる」ということ自体も、かみさまに依頼していいの？

すみれ　うん。

穴口　**「私は準備ができているから、私も相手も幸せになる人を引き寄せてね」っていうのは、かみさまにお願いしていいんだね。**

すみれ　ただお願いをしっぱなしだとダメで、自分もちょっとでもいいから行動する。かみさまに頼んでも結局、家を出ないと、人とは出会えないから。

穴口　宅配便とかネットショップで出会いを届けてもらえることはないから、頼んだら自分ができることをやる。

そうすると、私たちは地球にいてかみさまは上にいるから、かみさまとの共同創造として現実を作っていくということでもあるわけだね！

魂がしたがっている経験が「生まれ変わり」を決める

穴口　自分はお釈迦《しゃか》様の生まれ変わりだとか、何かの生まれ変わりだって言う人がいるけど、それは本当なのかな。

すみれ　それが本当の人もいれば、自分でそう思い込んじゃう人もいるかな。

穴口　なんでそう思い込んじゃうんだろうね。

すみれ　人から「お釈迦様に似てるね」って言われたりすると、「自分はお釈迦様の生まれ変わりなんだ」って強く思い込んじゃう。
例えば、そう思っている人の夢にお釈迦様が出てくると、「本当にそうなんだ」って思っちゃう人もいて。

穴口　その人には、何が起きているんだろう。強い思い込みに陥ってしまっている人には、かみさまから何かメッセージはあるのかな。

すみれ　そういう人は思いが強すぎて、かみさまにもどうにもできない。だけど、その人がそう思っているのが幸せなら、それでもいいとは思う。

穴口　ところが、「お釈迦様の言うことだから聞け」なんて言って周りの人を巻き込んで支配するとかもありえるよね。それもいいのかな。

すみれ　そういう人って、小さな頃に自分の意見を言えなかったことがある。そのときに、「自分はお釈迦様だ」っていう幻想を燃料にして、意見を爆発させてるんだよね。

穴口　自分を表現するために、必要だった思い込みかあ。それは多くの人に思い当たることがあるかもね。自分の本音に気づいてあげないとね。そうやって「自分は○○の生まれ変わりだ！」って主張してきたとき、そういう人には本当のことを言ったほうがいいのかな。

すみれ　その人が「すごいでしょ」って言ってきたら、「すごいですね」って言ってあげたほうがいいと思うし、「あなたもそう思うでしょ？」って聞いてきたら、本当のことを言ってあげる。それでいいと思う。

「あなたもそう思うでしょ？」って聞いてくるということは、それが本当かどうか迷っていると思うから。

穴口　会話の中で「私は何かの生まれ変わりです」って言われたら、「そうなんですね」って聞いておけばいいわけだね。その人がそれで幸せなんだから。かみさまから見たら、それはどうだっていいんだ、と。

悲しい経験をした人たちが生きた意味

穴口　悲しい経験をして、人生を終えていく人もいるよね。例えば、戦争に巻き込まれて、すごく辛い思いを経験しながら死んでいく人とか。その人たちは亡くなった後どうなるのかな。

すみれ　**そういう辛い思いをして亡くなっている人たちは、次に生まれるときにやりたいことがすごく増える魂が多いかな。**

前の人生でこれができなかったから、今度はこれをやろう、みたいな。使命がすごく増える。

穴口 私のすぐ前の前世は、5歳のときに長崎で原爆で亡くなっている。その前世の記憶を思い出してすごく苦しかった。

だけど、その苦しい自分とともに、長崎に降りているマリア様との約束も思い出したの。

「5歳で死ぬあなたは次の生で、本当にやりたいことをやれる」って。

そういうわけで、今世は愛のある世界を作ることを思いっきりやっていて。

短命だったり、苦しい闘病生活を強いられたりする人もいるけれど、必ずその魂はかみさまと約束をしていて、次の流れをちゃんと作っている。

だから、すみれちゃんが言っていること、すごくわかるなあって思う。

すみれ **実は無念じゃなくて「もう次、次!」みたいなね。**

穴口 そうそう、そうなんだよね。この世で生きる私たちから見ると、悲しいように思うかもしれない。だけど魂の本音ってもっと軽いんだよね!

すみれ　うん。魂は上の世界では次のことをワクワクしながら考えている。

穴口　だからそういう意味でも、一見悲しい出来事を、私たちが「悲劇」と判断しないほうがいいんだよね。

悪いかみさまを救うのは人間の役割

穴口　他人に対して悪いこと、特に犯罪をしてしまう人ってそれをすることを望んで生まれてくるのかな。

すみれ　**かみさまとか天使さんとか魂って、実は悪いかみさまとか悪い天使さん、悪い魂もいるの。**

いいかみさま、悪いかみさまは住んでいるところも別で、「悪いかみさまの国」と「いいかみさまの国」があるんだよね。

だから、罪を犯すとか、人を傷つけるとか、悪いかみさまの国にいる魂たちは悪いことがいいことだと思っている。

穴口 いいことと悪いことが逆に見えているんだ……。

すみれ だから、そういうことをしてしまうっていうか。

もちろん、いいかみさまの国にいる魂たちも、「そういう経験をしなさい」って言われて悪いことをする人もいる。

それでも絶対に「人殺し」はしないとは思うんだけど。

穴口 いいかみさまの国の魂なのに悪いことを経験するというのは、周りの人のためにする、ということではないの？

すみれ 「これが悪いことだ」っていうことを上にいる魂たちに教えてあげるためにする魂もいる。

穴口 なるほど。根本には、「学び」があるわけだ。

一方で、悪いかみさまの国に学びはない。

その悪いかみさまの国に対して、何かやれることはあるのかな。

すみれ **悪いかみさまの国を作った人は、本当はいいかみさま。**

元・いいかみさまで、その人が悪いことにどんどん手を染めて、それに釣られて悪いかみさまがどんどん増えてきて。

いいかみさまたちも「悪いかみさまの国」をなくそうとはしている。

だけど、悪いかみさまもかみさまだから、魂の作り方を知っている。

だから、悪い魂もどんどん多くなっていってしまうの。

穴口　悪い魂が増えないといいね……。

すみれ　うん。いいかみさまももちろん強いけども……悪い力も強いから。

もしかしたらなくなるかもしれないし、このままなくならないかもしれない。

それは今のところ、どっちかはわからない。

穴口　悪いかみさまがいいかみさまと同じ神として創造されたことを思い出すために、私たちが何かできることはあるのかな？

すみれ　悪いことをすごくいいことと思っているから、**悪いことはやっちゃいけないことってどんどん人間の頃に教えてあげたほうがいい。**
悪い魂だとしても、人間としていいことができたら、いいかみさまの国に行くこともできるから。

穴口　**カギは人間だね。**

悪いかみさまを救うのは人間の役割だ。それが使命の人がいるかもね。

地球にとって悪いことというと、例えば原発ってあるよね。

震災で大変な状況になったけれども、それについてはかみさまはどんなふうに思っているのかな。

すみれ　原発だけじゃなくて、戦争とかも全部合わせて、「それをやろう」って言った人たちに悪いかみさまが応援するっていうのがあって。

「もっと悪いことをしろ」みたいな応援をする。

もちろん、いいかみさまたちもついて「ダメ」ってやるけれども、いろんな手を使ってやってくる悪いかみさまがいるから止められないの。

止めようとはしているけども、その悪いかみさまの力が強すぎて。

だから、**生まれてくる子どもたちが「ダメだよ」って言ったほうがいい。**

穴口　なるほどね。**すぐにできそうなことは、「それってどうなの？」と疑問に思ったら加担しないことかもしれないね。**
原発のことを「どうなるんだろう」って思ったならば、自分がもうそれを選ばない日常を送るということだよね。

すみれ　原発事故は震災が原因だったけど、震災とかみさまの関係はどうなんだろう。震災みたいな災害は、悪いかみさまが起こすときもあったり、本当に自然に起きちゃう場合もあったり、どっちもある。

穴口　最近は人工的に津波を作ったり、雨を降らせたりする人たちもいるって聞いたことがあるんだよね。
そういうことをしてしまう人たちは、悪いかみさまの知恵を通してやってしまうのかな。

すみれ　うん。それもある。
悪いかみさまがその人がひらめいたように教えているっていうか。

穴口　私たち人間は地球をきれいにするために生まれているって話していたよね。

そこに戻ると、穢《けが》れた心になってしまった人が変わるために私たちができることって何かあるかな。

すみれ 「悪いことはやっちゃダメ」ってことを、まず教えてあげる。

穴口 教える、止める。ちゃんと意見を言う。対話だね。喧嘩じゃなくて、対話することが大事ってことだ。

すみれ うん。それをしたほうがいいかな。

穴口 黙っていないで、ちゃんと伝える。そうして、悪いことをしている人たちが変化するために貢献するということだね。

「人工知能」は、いいかみさまと悪いかみさまの両方が作った

穴口 人工知能がいろんなことを人に代わってできるようになってきているよね。私たち人間が作った人工知能は、誰が作ったんだろう。これも人間の役割を

とろうとしているって意味では悪いかみさまかな。

すみれ 人工知能を作ったのは、どっちのかみさまも。**いいかみさまはいいことに使うために作ったし、悪いかみさまは悪いことに使うために作った。**

穴口 両方なんだ。

そうすると、人工知能の時代に生きる私たちは、どちらに意識を向けるといいのかな……。

すみれ もちろんいいほうに使うってことに意識を向けるのが大事。

穴口 そして、どんなところでどのように使うかという判断・決断は、私たち1人ひとりがすればいいってことだよね。

すみれ うん。いいことに使えば、人工知能は、すごく便利なものだと思う。

穴口 何事も、使いようだもんね。車だって、とっても便利なものだし文明を発展させるためにはどうしても必要な道具。だけど使い方を一歩間違えたら、人を殺してしまう武器にもなるわけだから。

すみれ　そう。だから、人工知能は人が進化するために使えば、すごい力になってくれるはずだよ。

全ての人が
かみさまとして
目覚める

2章

「ねえ恵子さん、あたらしい時代を迎えた今だからこそ、
恵子さんと話したいことがあるんだ」

「風の時代になったもんね。どんなお話かな？」

「あたらしい時代はもっとみんなが
生きやすい時代になるんじゃないかなってこと」

「いいね！　私もどんどんみんなが進化して、いい時代になると思う」

「そうだよね！　恵子さんは『あたらしい神話』を作りたいって言ってたけど、時代が変わったら〝かみさま〟の考え方だって変わるよね」

「そうそう、私は『私たち自身がかみさま』だって思ってるよ」

「すごくわかる！
これからのかみさまのこと、みんなにも伝えてあげようよ！」

かみさまの世界を のぞきに行こう!

すみれ13歳。「風の時代」を語る

穴口　すみれちゃん、前回の対談から少し時間が経って、これからはいよいよ風の時代に突入するよね。

すみれ　そうだね、風の時代って恵子さんはどんな時代になると思う？

穴口　非物質的なものが強化されるってよくいわれているよね。だから私もいろんな人から「建築や銀行員などの物を扱ってきた職業の人が不利になるんですか？」という質問をよく受けるの。**でも、私は風の時代に不利になる仕事っていうのはないと思ってる。**

すみれ　私もそう思う。

穴口　例えば、「建築」で考えてみよう。確かに風の時代には目に見えないことが重視されるよね。

でもこの考え方の本当の意味って、**これまで物質優位だった人たちは、物質だけじゃなくてその背景にある世界を見出していくことが大事になるということなんだよね。**

建築だったら、「なぜ、この建築様式なのか？」とか、「どうしてこの建物が必要なのか？」といったように、深いところにある世界を見る。

過去をさかのぼれば、ガウディは自然と共存して、光と共に生きることを考えていた。

そういう目に見えないことも重視して、調和した世界を築いていくチャンスが来ているんだよね。

すみれちゃんは「風の時代」はどんな時代だと思うかな。

すみれ

私は風の時代って「あたらしい扉が開かれる」みたいなイメージがあるかな。

自分自身に意識を向けるきっかけになる時代なんだと思う。

穴口　あたらしい扉！　まさにそうだよね。今までって、仕事の業界が違うと見えているものが違ったり、仕事自体が完全に分かれていたりした。だけど、これからは業界同士の境界線がなくなるとも思う。違う業界や仕事を掛け算していく時代がやってきて、みんながもっと本質的に大切なことを意識する。ＡＩが基本的な作業をどんどん担って、人間が楽になると、その分意識の世界に人々がフォーカスするチャンスがやってくる。

すみれ　ただ、だからって風の時代に乗り遅れないように！　なんて思わなくて大丈夫だよね。

穴口　うん、もちろん！　風の時代はこの地球に住んでいるみんなが等しく同時に迎えていること。だから、乗り遅れようがないんだよね。

すみれ　そうだよね、風の時代に乗り遅れることはない。

穴口　**風の時代において避けたいことは、自分を蔑んだり、他人をバッシングしたりすること。**

風の時代は特に悪口とか否定、批難をすればするほど、周波数がそっちのほうに行ってしまうから。

逆に、**どんどんやってほしいことは、自分を愛でること。**自分の可能性を見つけたり、どんどん楽しんだりすること。

とにかく自分自身がこんなことをしてみたい、あんなことをしてみたいって思うことを止めないであげて。その意欲を証拠として、あなたにはその扉を開こうとするエネルギーが湧いてきているってことだから。そこから次のあたらしい世界が見えてくるよ。

すみれ　本当に恵子さんが言った通りで、自分のアイデアを消さないようにしてほしいな。

「これはダメ」とか自分で否定しない、ジャッジしない。

だから、**本当に子どものように、「やりたい！」と思ったら、まずやってみてほしい。**自分で自分を潰さないっていうのは、すごく大事かな。

穴口　あらゆる制限を自分にも他人にもかけないってことでもあるよね。

そして、自分の記憶とか過去にこだわりすぎない。「過去がこうだったから、未来がこうなる」という方程式ではなくて、今までなかった可能性に意識を向ける。

すみれ　みんな創造力は無限大だし、アイデアも無限大だし、生き方も無限大だから、自分を褒めて「それいいね！」って自分自身に言ってあげるのが、すごく大事だよね。

穴口　本当にそうなの。意識も見ている世界もどんどん変わっていくから、何かにこだわったり、執着したりしないで、いつでもパッと手放せるような状態でいるといいね。

地球人と宇宙人のハイブリッド

穴口　不安なことも多くてなかなか先のことを考えづらくなっている人も多いと思

うのね。そのせいか、1年先、10年先、50年先、100年先の未来が、それぞれどんな時代になっているんでしょうか？　と聞かれることがすごく多い。だからそのことについて考えていきたいんだけど、すみれちゃんいいかな？

すみれ　うん、もちろん。

穴口　じゃあ、まずは1年先だね。

1年後は、風の時代本格始動ということもあって、1人ひとりの感性が磨かれているはず。

だから、自分自身がやっていることにもっと自信を持てたり、大切にできたり、確信が持てていたりするような状況が始まっている。

そして、新しい世界への一歩を踏み出して、土台がひとつできたような状態になっているんじゃないかな。

すみれちゃんは1年後の世界はどうなっていると思う？

すみれ　**1年先は、自分も相手も尊重する世界。**

自分も相手も尊重するから、輪ができているというか。

自分とも輪ができているし、世界とも輪ができている感じ。

穴口　そうして時間が経つにつれてみんなが生きやすい環境になりそうだよね。

10年も経てば意識やテレパシーのような言葉だけではない繋《つな》がりが広がって、コミュニケーションの方法がガラッと変わるだろうな。

そうなると、すみれちゃんや私みたいにかみさまとかいろんな存在たちとの交流をしている人がもっと増えるよね。そうやって、何がこの世界にとっていいことなのかがいろいろと提言されて、あたらしい世界に向かって人々が生きていく。

だから、例えばエネルギー問題ひとつとっても、石油ではない全く違う資源への移行が起きている。それに伴って地球の環境もすごくよくなっている。

すみれ　うん、**1年先も10年先も50年先も100年先もわかるのは、進化しつづけ**

ているということ。

穴口　そうそう、進化は止まらないよね！

すみれ　進化を止めるものもないからね。

穴口　人の持っている可能性の扉がどんどん開いていくから、いい・悪いとかジャッジがなくなっていって、「1人ひとりのいい状態がこれなんだね」ということを、互いに尊重し合えるようになるんだよね。

それだけじゃなくて、**互いを完全にありのままで受け入れられるような周波数になっていく。**

要は、私たちの心の広さ・キャパシティが今以上に広がっていて、かみさまとも交流しているから、「私は今のままで完全なんだ」、「私という存在は神である」という自覚ができるようになるってこと。

すみれ　自分の「好き」を極めていくことに対して、足を引っ張る力がなくなってきているから、気がついたらすごい才能を出せている人が増えていくよね。

穴口　うん！　そういう人は本当に今後、増えてくると思う！

例えば今までだったら3年かかっていたところが3ヶ月でできるようになるとか、そういう出来事が周りにたくさんやってくる。成長と進化、可能性が開かれるスピードが、格段に速くなっているからね。風の時代のちょっと手前から、そういう出来事はもう起きているよね。

すみれ 1人ひとりの「好き」が広がっているんだよね。

穴口 そうそう！「好き」が自分の可能性の扉を開いて、どこまでもできるようになる。すごいよね。

私のところに来ているのは、「地球は天国と同じ」というメッセージ。上にあるものは全て下にあるし、もともとそうであったように、なりたい姿に変容していく。これって特別な考え方ではなくて、人間が昔からしてきたことなんだよね。

もともと原始の世界から人間は「なりたい」と思った方向に状態が変化してきたから。

だからこれから先、例えば人間が不老不死を研究して可能性を見出していけば、そちらの世界に行くだろうし、「子どものままの顔でいたい」と思ったら、ツルーンって若いボディのままでいられるようになるだろうし。

すみれ 私もなりたい姿になれる世界が来ると思う。

でも、自分がなりたい姿になってやりたいことをやったときに、それを必要とする人がまた出てくるかどうかは考えたほうがいいよね。

本当に自分がやりたいと思ったことをやるのが本来の「役割」だと思うから。

だから、**進化しつづけて、なりたい姿にもなって、それが求められる世界で役割を持って生きていくというのがいいよね。**

穴口 うんうん。使命を果たすって意味でも、ただただ自分の欲望を満たすだけじゃなくてね。

あ、そうそう。もっと進化した先で可能性があるのは、宇宙人とのハイブリッド。

もうすでに地球人と宇宙人のハイブリッドだといわれている人たちが存在していて、これからは肉体や寿命が地球人とは違ったり、意識の世界で病気がなくなったりするようにもなる。病気は自分が作り、自分が滅ぼす。そういう感じなんだよね。

すみれ　恵子さんは、人間はどこへ向かうんだと思う?

穴口　ふふふふ。一言で言うと、それぞれの存在の役割に帰るということかな。地球が好きな人は地球にずっといるだろうし、「源」や「天国」と呼ばれる、いわゆる生まれたところに帰りたい人はそこに帰っていく。「いやいや、私はもう惑星プレアデスの故郷が懐かしい」って思ったら、そのプレアデスという惑星の存在となって生まれ変わる。だから、人間はどこに向かうのかと聞かれたら、「人それぞれ違うんだよ」って言っているかな。

すみれ　うんうん。だから、生き方は無限大ってことなんだよね。

穴口　そう、無限大!

すみれ　**どこへ行ってもいいいし、どこにいてもいいし、どこで生きてもいい。**本当に自由で、どこに向かうかは自分が決められる。そう考えると、そんなことで悩む必要ってないのかもね。

穴口 うん、そうだよね。

すみれ 自分の好きなことをして、その好きなところで生きればいいし、そこで経験して、また進化して。

もう本当に限界がないって感じる。

人類と人工知能はお互いに進化しつづける

穴口 「進化」といえば、昔にも少しだけ聞いたことがあるけど、AI（人工知能）について話してみようか。

AIって、人間よりも目覚ましい進化を遂げていて、人間の役割を奪うと叫ばれているよね。その点、すみれちゃんはどんなふうに考えてる？

すみれ **AIと人間って、どっちが上とか下とかなくて、お互いに進化しつづけて、**

お互い共存して一緒に進んでいくって感じがする。

だから、人が進化すればＡＩも進化するし、ＡＩが進化すれば人も進化する。

穴口　まさに共同創造。そして、全員が対等な存在だと。

私ね、前にすみれちゃんから「ＡＩはいいかみさまと悪いかみさま、両方のかみさまが作った」という話を聞いてから、すみれちゃん（かみさま）に聞いてみたいことがあったんだよね。

両方のかみさまが入れ替わり立ち替わりに人間をこの世界に遣わしていて、あるとき、人間が自分たちの意思でどっちを選ぶかを決める、みたいな瞬間があるんじゃないかと思うの。

すみれ　どうしてそう思ったの？

穴口　なぜそう思ったかというと、ある映画を観たからなんだよね。

その映画では、ＡＩが搭載された眼鏡が出てきて、その眼鏡をかけると、自分の潜在意識が欲しているものが目の前に現れるの。

つまり、かけると心が可視化される眼鏡ってこと。

映画ではそのＡＩ眼鏡によって可視化された潜在意識の光と闇をめぐって、最終的に光を選ぶのか、自分の闇である欲望に埋もれていくのか、が問われるの。

だから、**私たちがかみさまである自分を思い出すために、いいかみさま、悪いかみさまがＡＩのさらに進化したバージョンを作っているんじゃないかって。**

そして、それらは人間の力を通して行われている、と。

すみれ 人間がかみさまたちに作らされているということだね。

穴口 そうそう。**それで私が思うのは、この世界にいる人はみんな遣わされているということ。**

いいかみさまにしても、悪いかみさまにしても、人は遣わされている。

でもみんな目覚めていないから、自分が決めて行動していると思い込んでいるし、欲を持った自分が一番占有率が高いときは、奪うようなエネルギーになっているんだよね。

すみれ すみれちゃん、よかったら「善悪の境目では何が働きますか」って、かみさまに聞いてみてくれるかな？

すみれ ……。やっぱり善とか悪とか、そういうのを決めるのは、自分の意識がどっちに向くかが決め手かな。

だから、**「反対意見のほうがいい」と思う自分と闘うときがあるけど、でも結局、それも含めて選んでいるのは自分なんだよね。**

穴口 なるほど。たとえ外側から見ていて「それは悪だ」と思われても、選んでいる本人は一番正しいこととして選んでいるってことだね。

だからこそ、その体験をかみさまは絶対止めることはない。

すみれ 漫画とかで、悪魔が右にいて「やっちゃえよ！」って言ったり、天使が左側で「それはダメよ、こうしたほうがいいわよ」って言ったりっていうシーンがあるよね。

それが思い浮かんで。だけど結局、天使であれ、悪魔であれ、最後は自分がどっちに行くかっていうのを決めているから。

郵 便 は が き

料金受取人払郵便

新宿北局承認

8763

差出有効期間
2023年 3 月
31日まで
切手を貼らずに
お出しください。

169-8790

154

東京都新宿区
高田馬場2-16-11
高田馬場216ビル 5 F

サンマーク出版愛読者係行

ご 住 所	〒　　　　都道府県	
フリガナ		☎
お 名 前		(　　　)
電子メールアドレス		

ご記入されたご住所、お名前、メールアドレスなどは企画の参考、企画用アンケートの依頼、および商品情報の案内の目的にのみ使用するもので、他の目的では使用いたしません。
尚、下記をご希望の方には無料で郵送いたしますので、□欄に✓印を記入し投函して下さい。
□サンマーク出版発行図書目録

1 お買い求めいただいた本の名。

2 本書をお読みになった感想。

3 お買い求めになった書店名。

市・区・郡　　　　町・村　　　　書店

4 本書をお買い求めになった動機は?

- 書店で見て　　・人にすすめられて
- 新聞広告を見て(朝日・読売・毎日・日経・その他=　　　)
- 雑誌広告を見て(掲載誌=　　　)
- その他(　　　)

ご購読ありがとうございます。今後の出版物の参考とさせていただきますので、上記のアンケートにお答えください。**抽選で毎月10名の方に図書カード(1000円分)をお送りします。**なお、ご記入いただいた個人情報以外のデータは編集資料の他、広告に使用させていただく場合がございます。

5 下記、ご記入お願いします。

ご職業	1 会社員(業種　　)2 自営業(業種　　) 3 公務員(職種　　)4 学生(中・高・高専・大・専門・院) 5 主婦　　6 その他(　　)		
性別	男・女	年齢	歳

穴口　結局、決めるのは自分。

AIがいろんな可能性を提示してくれても、人間が主体であるということを忘れないようにしないとね。

AIは人間よりもどんどん優れていく。私たち、記憶しても忘れるじゃん。でも、AIは絶対忘れないんだよ。

ただ忘れるとしても、人間には感情がある。

感情は脳波で測れたとしても、その振動数・周波数はAIには再現できない。

例えば、高周波のときの気持ちって、幸せだけじゃなくて、うれしいも楽しいもある。

でもAIからすると、それを「高周波」という同じデータで受け取るしかないんだよね。

すみれ　うん。AIからすると、幸せもうれしいも一緒。

穴口　そのディテールは、やっぱり人間の持つ特有のもので、それが人間の才能だと思うの。

ＡＩ時代、人間はライフデザイナーになる

すみれ　私は「感情はエネルギーだよ」ってよく言っている。エネルギーはこの世界そのものだから、あなたもこの世界そのものなんだよって。

穴口　そうだよね、例えばその感情が情熱に向かったときには、その人の作りたい形がアート的に目の前に現れることもある。

例えば、カップなんて、世の中に似ているものがごまんとある。だけど、その人の感情によって完成する形は、世界にひとつしかないんだよね。

だから、感情という人間特有のエネルギーがあるからこそ、これからもまだ新しい世界が作られていく。

感情のような人間固有のものとＡＩの関係を考えたときに、**私はＡＩと人間**

は共同創造することになるなと思ったの。

ＡＩに仕事が奪われるのではなくて、ＡＩが今まで人間がやっていた仕事をやってくれるようになった分、人間は感性を磨いていく世界になる。

だから、**人間は「ライフデザイナー」になる**って聞こえてくるんだよね。全ての人間はライフデザイナー。

いまだかつて人間が体験できなかったほどの地球天国とか、地球遊園地のようなデザインが作れる。

すみれ　でもそれが実現するかどうかは人間次第。

穴口　だね。ＡＩに依存した状態で、悪いかみさまの判断をいっぱい取り入れると、ＡＩも次第にそうなっていく。

今見えてきたのが、人間奴隷化みたいな。とすると、これからの時代において人間にとって一番大切なのは、善も悪も知った上でのバランスかな。善だけでもダメなんだよね。

すみれちゃん、善だけだとどうなるの？

すみれ　例えば同じような会社をやりたいと考えている人が何人かいたとして。善だけだと、みんながみんな「じゃあ、どうぞ、どうぞ」って言って、譲り合っちゃうから誰もスタートできない。

穴口　うん、確かに。すみれちゃんのその言葉を受けて、私のところに来たのは、「善のグラデーション」という言葉。**たったひとつの善だと、すみれちゃんが言うようにクリエーションが起こらない。**クリエーションを起こすためには、起爆剤になって、全く違う方法で何かを壊そうとするエネルギーが必要。そういう壊すための闇のエネルギーさえも、バランスを取るために起きている。だからかみさまは、光と闇を常に作り続けているんだよね。

すみれ　闇を嫌う人は多いけど、そうじゃないよね。これからの未来は光も闇も存在してOK。

穴口　コロナで世界が陽性（闇）と陰性（光）に分かれて、陽性になってしまったらもう終わりとか、そういう意識があるよね。

特定の国の人に対する差別だったり、ちょっと咳をしただけで冷たい目で見られたり、すごく闇が噴き出しているような現象が起きている。

だけど、そんな意識も収束していくタイミングがもうすぐ来ると思う。

コロナによって人類が得たもの

穴口　コロナの感染拡大があって、災害や不景気もある。そんな中、世界中の人々から恐れのエネルギーを感じるの。

そんな恐れと対峙しようとするとき、「恐れをなんとかしなければ」とするよりも、その「恐れ」がどこから来ているのかを考えてみるといいと思う。

例えば、死への恐れや不況に対する恐れのきっかけは一見、コロナのせいにも思える。だけど、実は長年ずっと抱え込んできた恐れが表面化しているものである場合があるんだよね。

そして、その恐れの向こう側には、大切にしたい本当の思いが隠れているってこともある。

要は、恐れの向こうにある「自分の深い内側にある大切にしたいもの」は何なのか。

「自分がどうしたいか」を知るひとつのきっかけなんだよね。


すみれ　私は「進化しているんだよ」っていうのが、一番強かったかな。

破壊があってから新しいものが生まれるから、今は進化しているんだよって。

世界も人も全てが、進化状態にいるよっていう。

例えば、コロナに感染したり、コロナのせいで何か嫌なことがあったりとかすると、コロナを「敵」って思うかもしれない。だけど、**実はコロナは別に敵ではなくて。この世界を変えて、進化させるための存在にもなっている。**

恵子さんが言ったように、恐れの一部を見るんじゃなくて、その先を見てみると、実は必要なことだったんだって気づきますよ、というメッセージがかみさまから来た。

穴口　だから、大丈夫。みんな明るい未来が待っているから。明るい未来が一瞬でも見えたら、そこに乗っていこうね。

ところですみれちゃん、このコロナがやってきたのが、2020年だったことには何か意味はあるのかな？

すみれ　今までも、実は進化状態にはあったんだけど、今このときが、1人ひとりのメッセージがすごく強いときだったたって。

穴口　私は今、宇宙的な映像を見た。銀河に向けて光が流れているの。

その光の流れの中には、地球もずいぶん前から入っていて。その光の移動は間もなく終わるみたいなのね。

それで私は、「これはなんの光なんですか？」って聞いたの。すると、目覚めの光だというサインが降りてきた。

だから、その光が終わったら、銀河のあたらしい時代が始まる。

終わりは始まりだから。その終わるタイミング、**つまり今こそが、人間がかみさまとして目覚めるタイミングなんだって。**

1人ひとりに役回りがあって、その役回りの意識が目覚めていく。今、SNSの進化もすごいじゃない。どこからでもいつでも発信して、すぐたくさんの人に、自分自身の好きなことを表現したり、大切だと思うことを自由に表現したりできる。

コロナウイルスに関しても、使い方ひとつで進化のためにも使えているんだよね！

すみれ　恵子さんは、具体的にどんな進化だと思う？

穴口　具体的な進化の内容として、パッとすぐ来たのは、人類がいかに生きるかという内側の進化。

要は、かみさまとして生きるということ。**進化というのは、人そのものの意識が進化して、自分を本当に尊いものとして扱っていけるようになること。**

それと、人としてどうあるかというライフスタイルの進化。かみさまとして生きているんだって思うと、うれしくない？

すみれ　そう思ってみんなが生きていけるといいよね。本当はみんなの中にかみさまはいるんだって。

穴口　**そう。そして、「私は何々のかみさまです」って宣言し始める。**

それぞれのかみさまの役割が違うから、地球にも貢献することができる。

今までは「私が貢献できることなんて何もない」って思っていた人も貢献が普通になってくる。

そうしてクリエーションしてすごい世界ができてくる。**みんながそうなれば、競争というものが、この進化した社会の中ではなくなるだろうな。**

比較して卑下する世界から、比較してそれぞれが貢献できる世界に。

だから、かみさまも前代未聞のすごいことになるんじゃないかって見ている感じ。

すみれ　あと、これはコロナが出てきたときから言われているけど、**「破壊から新たなものが生まれるんだよ」**っていうメッセージが来ていて。

コロナも一見、いろんなものがストップしてしまったから、よくないことのように思えるけど、コロナのおかげで新しい薬が研究されているように、人間にとっての進化があるよね。

これって自然破壊とかも同じだと思う。

その進化を続けてゴールに向かっているというか、なんと言ったらいいんだろうな……。

穴口　私たちは変化しつづけるんだよね。

だから、進化と変化が同じように起こっていく。

すみれ　うん、うん。だから……う〜ん、なんて言ったらいいんだろう……。

恵子　例えば、「地球は完全に破滅するか」っていう質問には、かみさまはなんて言っている？

すみれ　**笑いながら「生きつづけるよ」って。**

穴口　そうだよね。だから、**地球環境も破滅に向かっているように見ているのは人**

間だけなんだよね。

人間を含む全ては、循環する世界の中にいる。

「進化」っていうのは、A地点からB地点に向かうような直線的なものではなくて、ボルテックスのように変化していく。

だから、たとえ破壊的な状況があったとしても、そこからまた違うものが生み出されていく。

今現在もそういうことが起きているんだなって思う。

すみれ　うん。だから、全ては輝きに繋がっている。

スタートはゴール。ゴールはスタート

穴口　じゃあ人間は、何のために進化しているのかってことになるんだけど。すみれちゃん、それについてはかみさまはなんと言っているかな？

すみれ　うーん、何のため……。

かみさまは「ゴールはしつづけているよ」って。そう言ってるよ。

穴口　もう少し詳しく教えてもらえる？

すみれ　だから、「もう何十回も、何百回もゴールはしていて、何十回も、何百回も**ゴールはもう何回も来ていて、その度にスタートも起こっている。**

スタートしているよ」ってことかな。

穴口　そうだね、私たちは永遠の進化のプロセスにいるってことだよね。

例えば、「ワンネス」とか「源への回帰」とか私も使うけど、その世界に至ったら終わりかというと、そうではないんだよね。

全意識がその世界に至ったときに、また大いなる源も進化しつづけているから、〝あたらしい何か〟を作り出して進化を続けていく。

すみれ　だから、進化は永遠なんだよね。

穴口　これからの未来の可能性といったときに、**自分自身が死ぬ時期を知る人が増えてくると思う。**

私たちの意識が進化していけばいくほど、死が最後ではないことがわかるからね。つまり、それは嫌なことではない。

だから、お葬式はこの体にいた自分という存在がいなくなることへの「祝賀会」。

私がやりたいお葬式は、3Dで自分が出てきて自分が喪主になる。

「私の魂はもう私の肉体から抜けたんですけれども、今日はようこそお越しいただきました」って挨拶するの。

そうして、私と参列者の関係の中での思い出を共有してもらう、ワークショップみたいにする。こんなアイデアは、テクノロジーの進化によって、どんどん可能になっていくはずだよ。

もちろん参列者に共有してもらった思い出には3Dの私もうなずいたり、「へえ、そうなんだ」「うれしい」とか言ってね。

そういう形でパーティのようなお葬式をして、みんなが大好きな私の歌を一緒に歌ってほしいなって思っているの。

すみれ　お葬式が生きているみたいだね。

穴口　そう、すごく生きている感じがするよね。

私たちの魂は永遠に進化しつづける。そしてそのことにみんなが気づき始める。

だからこそこれからは、「今回のこのステージではお別れね」って感じになる。

その後どの時代で会うかわからないけど、また会えるときにはもっと進化していると、それだけは確実に言える。

そうなったときに、「あのときの恵子です」ってまた出会えることを楽しみにしている。

そう。死は永遠の別れではなくて、ひとときの別れ。だからこそ、今世のお別れのときを「またね」っていう形で終わりたいなって。

じゃあ、来世で記憶を呼び起こすために今できることは何かって話になるんだけど、それは結局、「今をめいっぱい生きること」だよね。

すみれ　生まれ変われるけど、今世は一度きりだからね。
今、生きている記録をちゃんとたくさん残す。それが大事だよね。

「死」は終わりではなく、帰ること

穴口　ちなみに、すみれちゃんは、生と死の境目ってあると思う？　どの瞬間が死なんだろう？

医学的には「御臨終」っていうのは、息をしていなくて、心臓が止まって、脳波も止まるみたいな状態だよね。

だからこそ、死に直面したときに喪失感を味わうというのは、世界的に見ても共通して言えるなと思う。

でも、私の周りにはスピリチュアルな転生を知っている人がたくさんいる。

私の師匠が亡くなったときのお別れ会も、みんながまるで師匠がそこにいるかのように「ありがとう」って言ってたり、いろんな思い出を語ったりしていたの。

だから、お別れ会も「悲しむ会」じゃなくて、「ありがとうを伝える会」になっていて。

もちろん、肉体で触れ合うことができないという意味で喪失感はあるんだけど、それ以上に思い出とスピリットで私たちはずっと繋がっていると確信を得られた出来事だった。

しかも、人格を超えた世界で、亡くなってからも師匠とは話したことが結構あって、そのときのほうが付き合いやすかったのね。面白いよね。

やはり人格があると、どうしても「これは嫌」「これはいい」と、感情が出てきてしまう。

だけど、スピリットはそういうものをとっくに超えているんだよね。

すみれ　死は幻想とも言えるよね。

穴口　**私たちは魂が肉体から抜けて、肉体の機能が止まったら「死」と呼んでいる。**

だけど、死という言葉は人間が作った幻想なのかもしれないね。

すみれ 要は上の世界から見たら、死はただの人間界の勘違いにしか過ぎない。肉体から抜けただけで、来た場所に帰るだけ。だから、地球に来るときも、感覚的には「戻ってきた」に近いんだよね。

穴口 うんうん、「死」は里帰りみたいなもんだよね。その感覚こそ、「死」の本当の姿かな。

あたらしい時代で、進化する「お金」の価値

穴口 みんなが気になる「お金」についても話しておきたいよね。

そもそも私の中では、この地球で生きている上で、「お金持ち」という意識も価値観もないし、逆に「貧乏」という意識も価値観もないの。

ただただただやりたいことをやる。ただそれだけやっていれば、お金がなくても

すごく楽しいことが起こるから。

私自身、自分がいくらくらいお金を持っているかも把握していなくて、通帳の記帳も年に1回ぐらい(笑)。

多くの人が空気があることを疑わないように、私自身、お金があることを疑っていない。

自分がやっているセッションの価格なんかも、物価だとか、一般的な情報は関係ないいんだよね。

「一番心地よい数字を教えてください」と高次元に尋ねて、あとは返ってきた答えのままに決めている。

それでも、来てくれる人はみんな「こんなに安くていいんですか?」と言ってくれているの。

このご時世だからこう変えるというよりは、やっぱり自分の振動数の心地よさが値段設定のコツかなとも思うんだよね。

かみさま、それでいいですか?

すみれ　うん。人間は生きるのにお金が絶対に必要で、お金で物を買う。だけど、**空の上では、あんまりお金で何かを買うっていう感覚がない。**それよりも大事なものがあって。

前に宇宙さんが「魂が一番の価値だよ」って言っていたんだよね。だから、人にとって魂はお金よりもずっとずっと、宝石みたいにすごく価値があるものだと思ってる。

穴口　そうだね。「お金持ちになりたい」って思うのも自由。**でも、ただ思うだけじゃなくて、「お金持ちになりたい」という思いの、もっと深いところにある思いを大事にすることで、かみさまは応援しやすくなるんだよね。**

すみれ　どうしてお金持ちになりたいのかって考えたことがない人が多い。それに、世間的にそのほうがいいに決まっているっていう思い込みの部分も大きいしね。

穴口　そうそう。でもじっくりと考えてみると、お金がなくてもやりたいことをやれている人もいるわけ。

最近だと、ＳＮＳのフォロワー数に応じて無料でサービスを受けられるお店もあったりするから。

すみれ もう始まっているよね。あたらしいお金の価値が生まれ始めている。

お金は、「楽しさ」の対価として得られるもの

穴口 すみれちゃん、お金のかみさま的には、「こうしたほうがいいよ」みたいなことってあるのかな。

すみれ **お金を手に入れるには、やっぱり楽しみなさい**って。

お金が欲しいとか、お金持ちになりたいとかの前に、まず、「今のこの人生を楽しんでください」っていうことかな。

お金をもらう過程が楽しければ、どんどんお金は増えていくはず。

穴口　そうか、まずは目の前のことを楽しむのがいいんだ。そして、楽しさの対価として得られるのが、「お金」ってことだね。

じゃあ、毎日つまらない思いをしている人に対しては、かみさまはなんて言っているのかな？

すみれ　「その流れを作っているのも自分だよ」って言ってる。

でもこれは決して、諦めなさいって意味ではなくて。

その流れを作れたんだから、他の流れも自分で作れるよって。

穴口　そうだよね！　流れを作っているのは、他ならぬ自分自身だもんね。

だから、私の場合はいつもワクワクする方向に向かって、行動しているの。

そうすると、気がついたときにはお金が増えていたりする。とにかく自分の決めた流れをかみさまは応援する。

すみれ　そう。「また最悪な1日が始まるのか」って思ったら、「最悪な1日になりたいんだね」と、かみさまはその流れを応援する。かみさまはどんな人にも応援に来ている存在だからね。

穴口　そうだよね。かみさまは誰のことも否定も肯定もしていなくて。ただただ応援してくれている。

すみれ　**そういう意味で、自分で未来は選べちゃうんだよね。**

お金の話だと、「お金は豊かなところに来るから、豊かになりなさい」ってかみさまに言われて。

やっぱりお金にも意識があるから、お金も行きたいところに行く。

前にたとえたのが、大きくて寄りかかるとすごく気持ちのいいクッションがあったらそこに行くよね。お金もそれと同じ。お金は、豊かな心に寄ってくる。

穴口　「心を豊かに」がキーワードだね。うん、同感。

心を豊かにするために「後回しにしない」だとか、「心が喜ぶことを自分にプレゼントしつづける」ってことを大事にしているかな。

そのためには「循環」もキーワード。

自分の喜びを循環させる。すると、お金も循環していくんだよね。

これはお金だけじゃなくてね、人間関係もそう。

他社の人と仕事をするときに、自分の会社のスタッフが循環している感覚を感じないときには、その仕事はやらないことにしてる。

誰かだけが得するのではなくて、みんなが循環して、一緒に広がっていく。

すみれ　そうなれば、人間関係も自然と豊かになっていくね。

地球は持続可能な星へ進化しつつある

穴口　すみれちゃん。「循環」というキーワードが出たから、環境についても話しておきたいんだけどね。

最近、環境も「再生可能」だとか「持続可能」っていう価値観が広まりつつあって、その一方で、環境破壊は着実に進んでいる。

この勢いは止めることはできるのかな。

すみれ　誰かが悪いとか、今の状況は悪くなっているとかいうけど、**進化しているものもあるから、全部正解かなって思うところもあって。**

穴口　あー、なるほど。環境問題もどの角度から何を言うかで全然変わってくるってことだね。

確実に進化している部分があって、ソリューションを発見している人もいる。

例えば、フリーエネルギーだとかね。そして、新しい技術や発見が生まれると、すぐにネットで広めることもできる。

要は環境問題に関して言えば、持続可能な社会になっているってことだよね。

実際に、日本でも富士山の麓《ふもと》で吸い上げた天然水を利用してガスを作ったり、発電したりしている。

そのガスは、車やバスを走らせることにも成功していて、それらの車が走ると酸素をどんどん排出するんだよね。

まさに循環！

これまでの社会構造は、トップにいる人たちがお金を守ってきた。

だけど、あたらしい世代がたくさん地球にやってきて、「お金を守っている場合じゃない！」と、あたらしい価値観を人類全体に投げかけてくれているよね。

すみれちゃんもそうだけど、地球を汚した当事者じゃないのにこの地球をきれいにしようとしてがんばっているメッセンジャーもたくさんいるし。

すみれ　そうやって伝える子が増えているところも、地球が進化しているんだなって思う。

穴口　うんうん、そこも進化している。地球に生まれる使命をわかっていて、それが目的で生きている子たちがいっぱいいるってこと。

すみれ　うん。あと、生まれた理由がすごくはっきりしていたり、自分がやることを決めていたりする子とかも多い。

地球を守るとか、きれいにするとか。

だから、いつだったかは忘れちゃったけど、かみさまに「地球にあたらしい子たちが生まれてくるよ」って言われて。

穴口　実際に、なんか昔とは違う子たちが生まれてきている。
親世代の育て方も、もっと自由になってきたもんね。

地球はすでにひとつになっている

穴口　さっきすみれちゃんから「昔とは違う子どもたちが生まれてきている」って話があったよね。

それは、最近「多様性」というキーワードをよく聞くから、すごく実感する。昔みたいにひとつの価値に固執しなくなっているというか。

ちなみに、日本での「多様性」についての考え方って世界の国の国旗と比べたらわかるんだよね。

世界の国旗の多くは、星がたくさん描かれていたり、色合いがカラフルだったりする。だけど、日本は白地に日の丸だから白の中での棲み分けがない。

世界の国旗を見ていると、いろんな人たちが共生している多重民族性を表しているなと思って。

すみれ　日本の国旗は、「ここに集まれ。これが正しいぞ！」って感じ。

穴口　そうそう。そういう国民性が国旗に表れているなと思う。

すみれちゃんは前に、かみさまの国もひとつじゃなくていっぱいあるって言ってたよね。

すみれ　うん。

穴口　やっぱり日本と同じ特徴を持った国もあるのかな。

すみれ　ルールややり方、それに文化が違うってことはあるけど、国旗はないし、しがらみみたいなこともないかな。

穴口　そうか、それはうらやましい！

地球は国同士の付き合いが本当に大変だから、どうすればかみさまの国みたいに地球はひとつになれるんだろう？

すみれ　**地球がもともと持っていた、いいところが復活する**といいと思う。

穴口　神の世が復活する、みたいなことかな。

すみれ　うん、そういうことだね。

穴口　それって小さな地域単位では、もう実践されているものが見られるよね。例えば、ダマヌールというアトランティス時代に栄えた古代文明があるんだけどね。

このダマヌールのライフスタイルが今、イタリアのある地域で実践されているんだよね。

そこでは、食料も全て自給自足でコミュニティのメンバーで助け合いながら暮らしているの。

イタリアに住んでいなくてもダマヌールの市民になることはできるし、平和なコミュニティが保たれているんだよね。

結婚も年に1回夫婦でお互いの暮らしを振り返ってレビューをし合う習慣がある。ダマヌールの暮らしは昔からあって、日本でも広めている人はいるんだよね。

すみれ　すごい！

穴口　でも、ダマヌールが特別すごいわけではないんだよね。

すみれちゃんもよく知っていると思うけど、地球はひとつだから。

人間の視点で見てしまうと、歴史の中でたくさんの国を作ってしまったから

バラバラに見えるけれども、**かみさまの世界の視点では地球はひとつ**。

人間が作り上げた概念の中に国という単位があるだけで。

だから、海外っていうけれど、海を越えたら海外かというと違うよね。それ

なら北海道とかは海外になってしまうから。

すみれ　うん、**もともと世界はひとつ**。

今はみんなが自分の世界を持っているからバラバラに見えてしまっているけ

ど。

世界はひとつになっている状態から始まっているから、スタートに戻るだけ。

穴口　あっ、すみれちゃんに聞きたいことが出てきた。

そうすると、かみさまの世界もいろんな国があるように見えていても、もと

もとはひとつだよね。

すみれ　うん、そう！

穴口　ひとつだったんだね。それをかみさまが地球に映し出してきた。だから、「国」という形でそれぞれの言葉を発達させてきたけれども、結局元に戻ると、ひとつのところに帰っていくんだね。

地球の役目、かみさまの役目、そして宇宙の役目

穴口　かみさまの国の、さらに上ってあるのかな。かみさまを見ている存在みたいな。

すみれ　そうなると、宇宙なのかもしれない。そもそも「一番上」っていうのは、あんまりいない。要は、**地球は地球の役目で、宇宙は宇宙の役目で、かみさまはかみさまの役**

目がある。

穴口　上とか、下とかがあるわけじゃないんだね。

すみれ　そう。だから、かみさまが人から教えられることもある。

穴口　じゃあ、別にかみさまだからといって、そんなにへりくだらなくていいわけだ。友達みたいに思っていいのかな。

すみれ　うん。

穴口　かみさまを英語では「ゴッド」って言うよね。でも、英語圏の人がゴッドと言うと、それはキリスト教のかみさまのような絶対的な存在になってしまって、その考え方だと友達みたいな感覚を感じられないでしょう。
だから、ゴッド・アンド・ゴッディスのように複数形で考えてみるのも、理解の助けになるよね。
他には、ヒンズー教のディエティーズもそう。
ヒンズー教にもたくさんのかみさまがいるから、かみさまたちと「共存」しているんだという感覚で捉えるのがいいと思う。

すみれ　かみさまは「特別」ではなく、みんなの「一部」だね。

穴口　あと、日本人だけが特別と言いたいわけではないけれど、日本人の一致団結する意識やカルチャーの部分が、これからの地球と人類の進化に貢献するといわれてきている。

それは日本人が大切にしてきた「八百万の神」という認識とも関係しているんだよね。だから、研究開発とか新しい経済の提言みたいなものが、日本人の精神からやってくる。

すみれ　かみさまから来たメッセージが、恵子さんと同じで。

それに合わせて、「優しさ」っていうメッセージが来た。

だから、もちろん恵子さんが言った通り、日本人だけが特別ってことではなくて、みんな同じで。

でも、その中でも日本人っていうのは、癒やしとか優しさとか、そういうエネルギーがみんなに流れていて、世界に癒やしのエネルギーを流しているって、すごく思う。

穴口　そうそう。誰かを切り離すものではなくて、**繋がりを持って調和していくようなエネルギーが、日本人のDNAの中からすごく輝いて、それを世界に向けて共有する**。

すみれ　うん、だから日本人って思うと、すごく「和」みたいなものが思い描かれて……。

穴口　和！

すみれ　そうなの！　和をもって貴しとなす。
だから、本当に手を繋いでというか、世界の癒やしに関わってみんなで手を繋いで。
そのきっかけが日本人になるのかなって、すごく思う。

これまでの
非常識は、
これからの常識

3章

「すみれちゃん、ここまでいろんな話をしてきたけど、最後は今この時を存分に楽しむ方法を考えてみない？」

「これからどんな生き方をしたいのかってことだね」

「そうそう！
私はすみれちゃんから自分自身の声を聞く方法を教えてほしいな」

「私は恵子さんがしてきた
やりたいことをやる生き方について聞きたい！」

「コロナもあって、どうしても『できない』って
思っちゃうことが多いからね」

「みんなが好きな生き方ができる時代だからこそ、
一緒に考えてみたいね」

「みんなにもこれからの常識を感じてほしいね。
それじゃあ行くよ！」

あたらしい
生き方を
見つけに行こう！

感染しない世界を生きる

穴口　すみれちゃん、ここまでもいろんなことを2人でお話ししてきたけど、2020年の春から世間ではコロナウイルスの話で持ちきりだったよね。

私はコロナウイルスが悪いものだとは言い切れないと思っていて、いいことも同時進行で起きていると思うの。

すみれちゃんはどう思っているのかな。


すみれ　かみさまも、「本当にいい機会じゃないかな」って言ってる。

コロナが出てこなかったら、今まで通りの忙しい日常が続いていたんじゃないかな。

でも、「今コロナでいろんなことが止まっている中で、自分に意識を向ける時間ができたのはいい機会だ」って言っていたよ。

穴口

そうだよね、そのいい機会に今まで後回しにしてきたことをしてみるのもいいよね。

「今まであなたがやりたくても後回しにしてきたことは何ですか?」って自分自身に質問をしてみる。

私の場合は「片付け」(笑)。

毎日、1時間半片付けをするって時間を決めてやっていたの。だから、自分が普段「時間がない」と言い訳をしてやっていなかったことをどんどんやってみてほしい。

コロナ禍でできた自由な時間をギフトとして使っていると、結果的に自分が気づいていなかった才能が開いている可能性もあるんだよね。

さらに今後、AIが発達してくるとまた時間ができる。

今、世界中で生まれている「自由な時間」っていうのは、その準備期間でもあるんだよね。AIが人間の仕事を奪うんじゃなくて、代わってやってくれる。

そのときに、**自分がこの地球に生まれてきて、自分だからこそできる、そんな仕事＝ライトワーク（光の仕事）に専念できる社会が訪れる。**

すみれ それってすごく楽しくて、ワクワクできて、周りの人も喜んでくれることだよね。

穴口 そうなんだよね！　そんな循環の社会が待っている。

循環する社会というと「経済はどうなるんですか？」って聞かれるんだけど、その心配も必要ない。

だって、現代はお金で物を売ったり、買ったりする社会も変わりつつある。例えば、ご飯を作るのが得意な人と農家の人がいたら、その人たちはお互いの得意なことを交換し合って暮らせるよね。

そこではお金ではなく、「私たちの存在」というエネルギーをフリーで与え合っている。そこで豊かに暮らしていられたら、それでいいということなんだよね。

だから、コロナちゃんはお金を介していた社会の在り方も変えるかもしれない。

すみれ　恵子さん……前からコロナウイルスをコロナちゃんって呼んでいるよね（笑）。

穴口　うん、コロナウイルスが出てきた頃から「コロナちゃん」って呼んでる。かみさまと対話ができるなら、コロナちゃんとも対話できるんじゃないかと思って。だから、コロナちゃんと話すって考えたら、ちゃん付けで呼んであげたほうが愛着が湧くでしょう？

すみれ　たしかに（笑）。じゃあ、私もコロナちゃんって呼ぼう。

穴口　コロナちゃんって、人類が進化してきた中で、今まで見つかっていなかったひとつの発見だからね。
つまり、アインシュタインが相対性理論を発見したようなことと私にとっては変わらなくて。

すみれ　ああ、たしかに。コロナちゃんは「私、前からいたんだけど、誰も気づかなかっただけだよ」って言ってる。

前からいたコロナという存在に対して、世界的に「怖いもの」っていうラベルを貼ってしまっただけ。

だから、みんながコロナちゃんに対して取っている態度って、普段人と関わるときにどんな態度を示しているのかとすごく似ているんじゃないかな。

コロナちゃんはコロナちゃんのままでこの世界に存在しているのに、人間が未知なものとして見ているだけ。

他人に対して好奇心を持つのか、怖いと思うのか、それらとコロナちゃんに対する態度は同じなんだよね。

報道を見ていると、日本でも外国でも芸能人や政治家、スポーツ選手などの有名な人が感染したというニュースがあるでしょう。

このニュースに対して、スピリチュアル的・かみさま的に見ると、**その人たちは、みんなの認識が安心感に変わる役割で感染してくれていると見られるんだよね。**

すみれ　そっか、それってすごいことだね。

穴口　面白いでしょ。

それと同時にもうひとつ大事なことがあるの。

それは、**今の自分は感染しているか感染していないのか、どっちかを自分で決めること。**

「私は大丈夫。感染しない世界で生きる」って決めておくといい。

思考は現実化するし、思いの周波数が同じ周波数の現実を呼んでいるから。

陰性のままの人は、陰性のままなんだよね。

科学的にもこれから解明されたらいいなと思うのは、「私は免疫力があって、ハッピーに生きている」という周波数でいた人やその家族がその後どうなったのかということ。

その思考と現実の関連性がわかれば、科学的に、「心の在り方」と「免疫力の向上」に因果関係があることが証明できるだろうから。

すみれ　かみさまがこの間「コロナウイルスのおかげで今まで忙しかった人が休めた

り、たとえ感染しても、その経験で免疫力が上がったり、そういう人もいるんだよ」って言っていた。

穴口 見方によってはすごく役立っているんだって。

ねえ、すみれちゃん。コロナの話でも、いい面をどうしても見られなくて、ネガティブなことばかり考えてしまう人がいるよね。

そういう人にはどうやって伝えたらいいのかな。

すみれ その人に直接「こんなにもいいことがあるんだよ」って説得するんじゃなくて、自分が気持ちよく過ごせる周波数で過ごしている姿を見せてあげればいいんじゃないかな。

「ああ、今日はいい天気でよかった」とか「こんなことがあってうれしかった」とかそういうことを態度や言葉で示してあげる。

穴口 「せねばならない」の世界に行かないで、力を抜くといいんだね。そして、その姿を見せる。なるほど。

誰しもが、魂同士ではコミュニケーションを取っているもんね。だから、その姿を見せてあげることがそのままコミュニケーションになる。

すみれ 恵子さんの言う通りだと思う。

無理矢理同じ周波数のところに連れてきても、たぶんすぐに戻っちゃうだろうから。

自分は自分の世界にいて、相手は相手の世界にいる。そして、お互いが心地よさを保つ。

そこからエネルギーをお互いに循環させていくのがいいのかな。

恐れや嫉妬のない地球天国へ

穴口 コロナウイルスの話を続けるけれど、日本にとってはオリンピックがあったこともあって、世界のどの国よりも、難しい決断を迫られたよね。そんな中、私には「みんなの準備を整えましょう」っていう言葉が降りてきてたてね。

それはつまり、みんなの準備が整ったときに迎える大調和の美しい地球をみんなで見よう！　っていう。そのことを私は、「地球天国」と呼んでいるの。今はブラックホールのような、ひとつの渦にみんなが吸い込まれている最中なんだよね。

そこに恐れを感じる人も多いけれど、ブラックホールの向こうは死ではなくて、単純に違う世界が広がっているだけ。

そして、その向こう側の世界には、地球天国とか、他の天国のような世界がいっぱい見える。

地球天国には、恐れや嫉妬、妬み嫉《そね》み、恨み、そういったことはなくて、誰もが幸せに毎日暮らせる。

「恐れや嫉妬はもう不要だから、統合してクリアにしていこうね」って、みんながそんなことを考える場所。

すみれ
地球天国いいね。すごくわかる。
そのためにできる準備は、「コロナのせいでこれができない。あれができない」って言いたかったら言ってしまうこと。

その感情はもう思う存分全部体験してしまってほしい。

そうしているうちに準備が整ってくるから、そうしたらやることはもう何もない。

穴口
私、ギリシャでお店をやっている友人がいてね。ギリシャはイタリアの隣だから、コロナの状況も厳しかったみたいで、長い間お店を閉めていたみたいなの。

彼はお店を閉めている間落ち込んでいたんだけど、「あなた自身がお店をやっていなかったらやりたかったことを、せっかく時間をもらえたんだからやってみたらいいじゃない」と話したのね。

そしたら、家族との時間を大切にしようと、明らかに目線が変わって。

ただ、例えばオリンピックを目指していたスポーツ選手や、卒業式や入学式など一生に一度しかできないことに対してがんばってきた人もいる。

そんな人は「時間ができた」なんて呑気な気持ちにはなれないかもしれない。

だけど、そんなときこそ、その人が持つ**クリエイティビティを発揮したらいいと思う。**

例えば、卒業式に合わせて「卒業生みんなでこんな祝い方をしたい」みたいな「やりたいこと」があったとするよね。

でも、コロナ禍で卒業式自体がなくなってしまった人も多いと思う。

そんなときに、「やりたいことができなかった……」と諦めるのではなく、「じゃあ他のやり方はあるかな」と気づくチャンスに変えちゃうの。

今いろんなイベントがオンラインで開催されているのもそうだけど、今までだったら試してもいなかった新しいやり方、考え方、可能性にみんなの意識が向いているよね。

コロナちゃんはみんなのクリエイティビティの火種になってくれた。

そういうふうに伝わってくる。すみれちゃんはどう思う？

すみれ

全く同じメッセージが来てる。

私はお兄ちゃんがいるんだけど、卒業式が例年とは違う方法になったんだよね。

でも、恵子さんが話していたそのままで、お兄ちゃんたちは自分たちで祝い方を考えて、いつもとは違う方法で祝っていた。

やっぱり「できない」「どうしよう」じゃなくて、「できないからこうしよう」と新しいアイデアを生み出すきっかけにするのが大事かなと思った。

穴口　これはコロナちゃんに関係なく、どんなときでもだよね。

ピンチをチャンスに変えちゃうっていう。

実際、今まで、働き方でも家族の約束事でも「こうでなければならない」と思っていたことがたくさんあった。だけど、コロナちゃんが発見されたおかげで別の方法に気づけた人もいるんだよね。

それでもクリエイティビティを発揮するのが難しいって人にコツをひとつ。

不可能って、可能に「不」がつくでしょう。だから、あなたにとって**不だと思うものを取り消していくだけ**でいい。

すみれ　じゃあ、まずは不可能だと思っていることは何かを知ることが大事なんだね。その上で、「不」をクリアしていく。

穴口　うん。例えば、私がアーティストになろうとしたとき、ほとんどの人は私に対して、「恵子さんは美大も出ていないし、絵も下手だからアーティストなんてなれるはずないよ」って思っただろうし、実際に、そんな声もあった。でも私はスピリチュアルアーティストとしてのエリアを可能にするって決めたの。

みんなは私に対して「不」と思っているけれども、私は私自身の「不」を取るって決める。

そう決めて作品を作って、実際にみんなに見せ始めたのね。

そうすると、だんだん「アーティストの私」が生まれてきたんだよね。

つまり、結局は不可能の「不」を誰がつけているかということ。私に対してまだ「不」だと思っている人もいるけど、それでもいい。

その人がそう思うことは自由だから。

でも、私が私自身という存在を「不」とは思わずに「アーティストです」って決めている。そう決めることが大事。

不を取り除いてあげるためには、まず自分がやるということを決める。決めたら、一個何か小さなことをやったらいい。

すみれ 例えば、本を出したいと思っていたら、本を出すと決めて、短くてもいいから書き始めるとかね。

穴口 そうだね、今はブログもSNSも、いろんなツールがあるから、見てもらうことも簡単だしね。

すみれ それと、**一歩踏み出したら仲間ができる。**やると決めると、今まで出会えなかった人との出会いもかみさまが連れてきてくれるんだよね。

穴口 そうなの。今から20年前、レインボーエンジェルズっていうお店を始めたんだよね。でも私はお店はやったことないし、セッションもあるからお店に毎日いるなんてできない。さらに言えば、お店でお客様を待つのは私の才能ではできないわけ。

そんなとき、「お店を愛して、一緒に作ってくれる仲間が来るよ」って高次元からメッセージが来たの。

そうして、お店を一緒に始めてくれた仲間とは今でもとてもいい関係でいる。

その後も、「こんな人が来てほしいな」って思ったら、信頼できて、お店を愛してくれる人がその都度来てくれるんだ。

それはやっぱり私がそう決めているから。そうやって引き寄せ合うんだよね。

五感全てで感じることでかみさまと近づく

穴口

ちなみに、先ほどの「不」を取り除くって話の補足なんだけど、普段からできることのひとつに、ささやかで当たり前に思えることでも、五感で感じることがあるよね。

私が住んでいるところは近所にいわゆる桜の名所があって、そこには毎年お花見にたくさんの人が集まるんだけど、この春は例年に比べて人が少なかった。

だからかえって、ゆっくりと一人で歩きながら桜を眺めることができて、すごく穏やかな気分になったの。

これからはそういう感じる時間を大切にしてほしい。見る、聞く、触る、匂う、味わう、五感全てで感じる時間をね。

そうすることで、私たちはかみさまとすごく繋《つな》がりやすくもなるから。

すみれ

私も恵子さんと同じで、今だからこそ感じる時間を大切にしてほしいかな。

うまく感じることができなくても、焦らないで時間をかけて感じることが大事。

焦りを感じたら、深呼吸してみたりして。

そうしていろいろと感じると、自分を知ることもできる。

穴口

「自分を知ること」でいうと、すみれちゃんもお母さんのゆきさんに同じようなことを言うことがあるんだよね。

すみれ　ゆきさんが何か決めたいけれども悩んでいるときがあって。私に「こういうことがあるんだよね」って言ってくることがある。ただそういうときは、私はゆきさんの話を解決しようとはしない。「ゆきさんはどう思うの？」って聞くだけなの。それを毎晩やっていた時期もあった（笑）。

穴口　毎晩！　それはすごいね。でも、それはいい方法だね。「自分がどうしたいのか？」、そこに気づくための質問だよね。もしかしたら、自分自身に「私はどうしたいのか」と聞きつづけるのもいいかもしれないね。

すみれ　うん。誰しも、本当は自分で決めていることがあるんだよね。だから、その答えに気づくために聞いてあげるの。

穴口　**そういう自分で自分に問いかけたときに聞こえてくる「自分の声」って、さっき私が話した五感で感じる体の声の一部なんだよね。**

例えばご飯を食べるときにしても、お腹が空いていないけど時間になったからご飯を食べるのではなくて、本当に体が食べたいと思っているときに食べる。

体が必要としていなければ食べなくていい。

すみれ そうだよね。食べ物でいえば、「何か食べたい」と思う自分もいれば「太るから食べたくない」っていう自分も同時にいるときがある。

でも、それはどっちも本当の自分の声だから、どっちも受け入れてあげるのが大事なのかなって思う。

穴口 まあ、どちらを先にやりたいかっていうのを自分で選べばいいよね。

誰もが創造主になれる世界がやってきた

穴口 そうやって「自分の声」を聞いて受け入れつづけていると、「地球天国」の住民である自分に出会えるだろうね。

それを私は「創造主」と呼んでいる。

この地球天国では、全て自分が決めていい。だから、自分自身が創造主である自覚を持つ。すると、**どんな出来事でも自分ごとにして作っていくことができる。**

例えば、すみれちゃんの場合は、かみさまとお話ししながら創造主として、本を通してメッセンジャーになったよね。

「今度は歌を通して伝えるのがワクワクするな」とかみさまと話したら、歌を通してメッセンジャーになって創造している。

そうして創造主としての本来の自分を生きるようになれると、一生においてできることが今までの3倍くらいになるんだよね。

つまり、一生に3回生まれ変わるぐらいのことができる。

もう何年も前から「ＡＩに仕事や生活を乗っ取られるんじゃないか」という恐れを抱いている人がいるけど、あなたというかみさまが作った限り、ＡＩ

はそれ以上の存在にはならない。

映画でもＡＩが世界の主導権を握って、人間をコントロールするような描写がよくされる。

それは可能性としてゼロではないけれども、どういう意図でＡＩを作って、使うのかという人間側の意図によると思う。

恐れではなく、私たちにはできなくて、ＡＩにやってもらいたいこととしてクリアにしておけば、ＡＩと人間の共同創造の地球天国で生きていけるんじゃないかな。

すみれちゃん自身は創造主として本を出して、それからどう変わってきたかな。

すみれ　かみさまとかいろんな存在たちから「いつか本を出すよ」ってことは言われたことがあった。
それもあって「あっ、出すんだ」と思っていたら担当編集者の岸田さんが現れて、本を出すことが決まって。ありがたいことにたくさんの人に読んでもらえた。

穴口　すみれちゃんの本はすみれちゃんが20歳になっても売れている可能性があるよね。最初の本を出してから3年くらい経ったけど、何か変化はあったかな。

すみれ　何だろう。うーん……。

語彙力がちょっと上がったかな。よく考えてみると、前よりかみさまのこととか、いろんな存在たちのことが、伝えやすくなったかなっていうのはあって。

穴口　これからすみれちゃんも、いろんな可能性を開いていくんじゃないかな。いつもかみさまと相談しながら、本とか歌とかやることが決まったら言ってくれるんだよね。

すみれ　「将来の夢は何か」ってよく聞かれるんだけど、私は何をやるにしてもかみさまとか天使さん、いろんな存在たちと相談をしているから、将来やりたいことはわからないんだよね。

だから、そういういろんな存在たちから「あれをやりなさい」と言われたら、そうするようにしている。

穴口　その中で今は「本を書く」、「トークライブをする」、そして「歌う」、この3つなんだ。

そういう意味で、すみれちゃん自身は「夢がないから私なんて」って思ってないよね。

そこが私のおばあちゃんに似ていて。

おばあちゃんも自分がやりたいことだったり、食べたいもの、そういったものがない人だった。かみさまが喜ぶことをやっていたり、自分自身はなんでもよかったり、すみれちゃんと同じでいつもゼロ磁場にいるような人で。

血は繋がっていなくても、人は愛で繋がれる

穴口　実は、すみれちゃんの振動数があまりにもおばあちゃんと似ているから、私

のおばあちゃんの魂がすみれちゃんの魂に入っているんじゃないかと思っている。

すみれ 初めて恵子さんと会ったときに、「おばあちゃん」って呼ばれたんだよね（笑）。

穴口 そうなの。小学5年生相手に。

すみれ まだ10代なのに「おばあちゃん」って呼ばれたとき、周りはざわついていたけど、私はその言葉に違和感はなかった。

穴口 否定するわけではなくて、スッと入ってくるような感じがしたんだよね。家族の健康や幸せを祈って、祈りの世界を生きていたおばあちゃんが、今度はもっと広い世界の人たちに向けて、祈りの世界を伝えるために来たんだって、直感で思ったんだよね。
だから、魂からおばあちゃんの振動数を感じるすみれちゃんは応援したくなっちゃう。
すみれちゃんのすごいところは、かみさまが作っている「いいも悪いもない

世界」をちゃんと見せてくれているところ。

まさにジャッジのない世界。私にとってそれこそが、おばあちゃんの魂だった。私が枠を超えていろんな方と魂の繫がりを持てるのもおばあちゃんのおかげ。

実は、これは初めて話すんだけど、私とおばあちゃんには魂の契約があったんだよね。

おばあちゃんはずいぶん昔に亡くなったんだけど、亡くなるときに「私がおばあちゃんの魂を生み出す」という契約をしていて。

でもその契約は25年くらい前に解除したの。だから、おばあちゃんはすみれちゃんの魂になったのかもね。

すみれ

恵子さんと私の繫がりを考えたときに、この世界にある2つの繫がりのことを思ってる。

ひとつは「血の繫がり」で、もうひとつが「愛の繫がり」。

人は愛を持った存在だから、血は繫がっていなくても、愛で繫がることがで

きる。


穴口　そうだね、愛の繋がりは誰しもいろんなところで感じ取れると思う。

血の繋がりにも2種類あって。先祖から受け継いできたものを引き継ぐために生まれてくる魂と、それを壊すために血の繋がりを持つ魂。

それはどっちがいいという話ではない。時代が変わってくると、繋がりを壊す役目が生まれてくる。過去のカルマの清算をして進化するために必要なんだよね。

それとは別に私がこれからの時代に本当に必要だと思うのは、私が「魂の地球家族」と呼んでいる繋がり。

私の場合は、すみれちゃんやお母さんのゆきさん、ダイナビジョンのメンバーなど、血の繋がりはないけれども、同じミッションを共有している人たち。

そんな人たちとの繋がりが、家族と同じように大切になってきているんだよね。

繋がりや家族のことを考えたときに聞きたいのは、すみれちゃんはお母さんのゆきさんとケンカすることはある？

すみれ ケンカはしないかな。ゆきさんとはいつも話し合ってる感じ。

穴口 そもそもお母さんのことを「ゆきさん」って呼ぶもんね。

すみれちゃんの場合、それこそ逆に血の繋がりを超えて、1人の人間としてゆきさんと接しているよね。

そうそう。すみれちゃんとゆきさんの関係性のことを思ったら、聞きたいことがひとつできた。

すみれちゃんって、どんなときも感情が変わらないんだよね。

例えば、タクシーの運転手さんの対応が悪かったとか、ちょっとしたことで嫌な思いをすることがあるじゃない。

私は結構はっきりと言葉にして言ってしまうけど、すみれちゃんはそんなときでも変わらない。いつもゼロ磁場にいるの。

すみれちゃんはその状態でいるためにやっていることは、あるのかな。

すみれ　意識してることはあんまりないけど、たぶんかみさまとか天使さんとか、いろんな存在たちが周りにいるって確信しているから、それが理由かもしれない。何があっても、力になってくれるって信頼してる。

穴口　ああ、なるほど。

普通、赤ちゃんってゼロ磁場なんだよね。そのままで、いいも悪いもない。それなのに大人になって成長して、語彙が増えていくにつれて、いろいろと判断してしまう。そういう意味で、**すみれちゃんは、波動が赤ちゃんのままだよね。**

お母さんのゆきさんの育て方もポイントで、お母さんの育て方を一言で言うと、「放牧育児」。

自由にさせることって結構簡単で、「なんでも好き勝手にやりなさい」って言えばいいだけ。でも、「自由になんでもしていいよ」って言われると人って案外難しいんだよね。

例えば、「なんでも好きな絵を描いていいよ」って言われてもなかなか描けない。でも「4本足の動物の絵」って言われたら描き出せるみたいに。

だから、お母さんもすみれちゃんに対して、「ここまではやってもいいよ」っていう枠を設けていたっていう話を聞いてね。

「だからすみれちゃんはここまで育ったんだな」って思ったんだよ。近くで、すみれちゃんのことを理解してくれるパートナーがいた。だからこそすみれちゃんは、これはやる、これはやらないってすごくはっきりしているんだね。

意識を内側に向けると、必要な情報に体は反応する

穴口　ちなみに、すみれちゃんはかみさまと相談してやることを決めているわけだけど、そういう存在と相談しなくても自分にとって必要なことがわかる方法ってあるの？

ほら、みんながみんなかみさまとお話しできるわけじゃないから。

すみれ　**必要なものを手に取ったり、自分に必要な場所に立ったりすると、体が反応するときってあるでしょ？**

わかりやすい人だとビリビリとくることもあるかもしれない。そうじゃなくても、何か他とは違うってことを感じることも。そういうサインに気づくことが大事なんじゃないかな。

穴口　うんうん、わかる。そして、そこでもやっぱり対話が大切だよね。

「この感覚って何を教えてくれているのかな」と対話を続けると、「あ、これは行けってことか」「これはいらないってことか」というようにいろいろともっと具体的なメッセージを受け取れるようになってくる。

手の感覚として伝わってくるという人も多いよね。

例えばインドには手に目を描いている人もいて、それほど手ってたくさんの情報を受け取れるんだよね。

何かを決めるときに手をかざしながら反応を探って決める人もいるので、ぜひやってみてほしい。

私も洋服を選ぶときには、それを着ているイメージがあったらすぐに買うようにしているよ。

今着ている服も、本当はすみれちゃんぐらいのティーンエイジャーとか、20代向けのブランド。だけど、年齢も値段も私には関係なくて、ビビビッときたらどんなブランドであっても着るようにしているの。

すみれ 自分がワクワクして、喜んで、心地いい感覚を大切にしてほしいな。

エネルギーって、こうなるって思ったら、そういうものを連れてくる。

だから、悪い結果を考えて、そうなるんじゃないかって思ったら、エネルギーがその現実を引っ張ってくる。

穴口 本当にその通りだね。

地球天国ではそれぞれの人が創造主だから、うまくいかなかった自分じゃなくて、達成した自分に意識をフォーカスするとうまくいく。

だから、失敗しても、「またダメ」じゃなくて「あと一歩だ」「その一歩はこうしよう」っていうふうに自分のマインドをトレーニングしてあげるといいね。
そのエネルギーは、いい仲間であったり、状況であったり、いいエネルギーを呼ぶから。
ちなみにすみれちゃんは、意識の使い方について、今だからこそしておくといいこと、しないほうがいいことってある？

すみれ **「意識を内側に向けてください」ってかみさまや天使さん、いろんな存在たちが言っている。**
今は、コロナウイルスやいろんなニュースの影響で、外側に意識が向いている人が多い。だから、内側・自分自身に意識を向けてくださいっていうメッセージが来た。

穴口 確かにね。私は、不動明王と挨拶を交わすんだけど、**不動明王は「今のカオスな世界の状況で必要なことは不動の精神だ」って言っているよ。**
「不動の精神ってなんですか？」と聞いたら、「あなたがあなたの心と深く繋がり、あなたの真実の軸をしっかりと保つために、この大地と繋がってください」だって。

大地っていうのは地球だから、「地球はあなたのお母さんみたいな存在なんですよ」っていうことなのかな！

だから、すみれちゃんが言ってくれたように、内側に意識が向けば向くほど、大地とも繋がりやすくなる。

不動明王がもっと教えてくれたのは、**あなたが知りたい真実は何か、それを自分に問いかけることが自分自身と繋がる第一歩でもある**ということ。

例えば、コロナウイルスの感染者数が毎日報道されているけど、感染する人が毎日いる反面、回復している人も毎日いる。

これは数字の上での話だけど、人口に対しての感染者数を考えて、自分が感染する確率を計算してみることも同じ。

大切なのは、自分が本当に望む世界を自分の中で作ること。

自分の中で作ったことが現実化するっていうのは、いろんな方が言っているよね。自分なりの世界を作ることが今は大事。

みんな空で繋がっているし、なんなら宇宙で繋がっている

穴口　コロナよりも、もっと大きな話でいえば「世界平和」について。

実は世界平和を実現させる確かな方法がひとつわかっていて、それは瞑想《めいそう》なの。

アメリカのハートマス研究所で行われている研究なんだけど、そこでは瞑想が人にもたらす平安状態の研究がされているのね。

実際にイスラエルの紛争地帯でも24時間体制で瞑想の研究をしていて、紛争や事故が減ったという結果も出ている。

そうやって積み上がった成果から計算したところ、**世界平和に必要なのは、8000人の瞑想だという結論が出たの。**

すみれ　え！　たった８０００人でいいんだ。

穴口　うん。８０００人が24時間瞑想状態に入る必要があるらしいんだけど、不可能ではないよね。70億人以上いる人類のうちのたった８０００人だから。でも、何も瞑想に必死で取り組む必要があるわけではないんだよね。地球には時差があるから、時差を利用すればいい。

私たちの意識が眠りについているときって、みんな平和な状態を選択しているんだよね。その状態で寝ているだけでも瞑想状態に近くなるから効果があるんじゃないかな。

座って、じっと目を瞑《つむ》ってやるだけが瞑想じゃなくて、歩きながらでも、お皿を洗っていてもできることなんだよね。

何かに意識を向ける、夢中になる、その瞬間が瞑想状態。

そして、その状態に１人でも多くの人が入れると、世界平和への意識は一気に目覚める。

すみれ　すごい、世界の広さを感じるね。

穴口　**そう、世界は広いの。なんなら地球だけじゃなくて空の上まであるし、宇宙で私たちは繋がっているしね！**

コロナちゃんは恐れの対象として見られがちだけども、さっきも言ったようにこのタイミングで私たちが出会ったことに意味があるし、コロナちゃんが自由に動き回っているように、私たちも自由。

神は愛で、愛は私、私は神、神はコロナ、コロナは愛。

そうやって全ては繋がっていて、世界は広い。

コロナちゃんが来たおかげで私たちの意志の強さとか、進むべき方向性がはっきりとしてきた。私は人間の可能性を見ることが大好きだから、これからの世界が楽しみなんだよね！

すみれ　辛いことがあると、かみさまは「いい経験したね」って言う。

魂からすると、人生の中の全てが経験。

だから、今まさに世界でみんながしている経験全てがいい経験なんだよね。

穴口　経験することって、文句を言いたくなることもたくさんあると思う。かみさまと同じように、いきなり「いい経験をした」って思うのは難しいよね。

でも、かみさまはいろんな感情を持っているあなたを全肯定してくれている。

だって、感情が動くと、物事に気づくことができるから。

だから、感じるな、じゃなくて全肯定するべき。

すみれ　うん。全てが正解。存在する全てが。

「すみれちゃん、空の上のお話から、これからの生き方まで
たくさんのお話を一緒にしてくれてありがとう」

「楽しかったね、恵子さん」

「あたらしい時代を迎えたからといって、
世の中が今日から１８０度変わるってことはないけど、
私たちはもっと楽しく、軽やかに生きていけるよね」

「みんなにもそう感じてもらえるとうれしいな」

「1人ひとりがかみさまとして目覚めようとしているこの時代って、
まさに神話の世界を生きているみたいだね」

「今までの常識が変わってきているからね。
未来の人が今の私たちを見たら、
それこそ神話の世界だと思うんじゃないかな」

「そんな時代を生きられてわくわくするね！」

「みんなにもこの神話の世界を一緒に感じて生きてほしいな」

「すみれちゃん、みんなに最後のメッセージを送ろう！」

「そうだね！　せーの……！」

それじゃあいくよ、恵子さん。

みんな、
かみさまになる
準備はいい？

神話

あたらしい

穴口恵子

スピリアルライフ提唱者、株式会社ダイナビジョン創始者。

元グローバル企業の人材育成コンサルタントとして、BMW、ホンダ技研、ローバージャパン、ベントレーにて人材育成コンサルティングを行う。

現在、日本でスピリチュアルスクールやショップの経営、セミナー事業等を行うかたわら、聖地として名高いアメリカのシャスタ山でもショップを経営している。特に、スピリアルライフをサポートするセラピストの育成に力を入れており、オリジナルのヒーリングやチャネリングメソッド、瞑想法、認定コースを全国で開催、スピリチュアルな起業家の育成を積極的に行い、これまでに著名なスピリチュアルリーダーなど含む3000名以上のセラピストを輩出している。世界中にスピリアルライフを広めることで、世界平和を実現することを目標にかかげ、年間の2分の1を海外の聖地で過ごし、スピリアルライフを楽しみながら、執筆・セミナー活動を行っている。

著書は、『叶える力』(きずな出版)、『1日3分瞑想してお金持ちになる』(光文社)、『まんがでわかるお金と仲良しになる本』(イースト・プレス)、『人生に奇跡を起こす「引き寄せ」の法則』(大和書房)、『あなたにもできる!スピリチュアル・キャリアのつくり方』(廣済堂出版)など多数。

すみれ

かみさま、天使さん、地球さん、宇宙さん、見えないけれど1人ひとりを見守っている存在たちの代弁者。ママのおなかに入る前のことを覚えており、おなかの中のあかちゃんや、あかちゃんと話すこともできる。たった1人でもいいから、笑顔になったり、元気になるきっかけとなればと、活動を開始。全国を飛び回り、子育てに悩むママはもちろん、一流企業の社長さんたちにも幸せを届けている。著書『かみさまは小学5年生』『かみさまは中学1年生』は、シリーズ累計49万部を超える大ベストセラーとなる。全米TOPサイキックのドゥーガル・フレイザー氏との共著『かみさまに、どうしても聞きたい30のこと。』(Clover出版)も好評を博している。